Duftpflanzen

auf Balkon und Terrasse

AUTORIN: HEIDE BERGMANN | FOTOS: JUTTA SCHNEIDER, MICHAEL WILL

4 Duftpflanzen-Praxis

26 Duftpflanzen-Porträts

Extras

Duftpflanzen-Praxis

»Ein Tag ohne Dufterlebnisse ist ein verlorener Tag« sagt ein ägyptisches Sprichwort. Duftpflanzen haben eine jahrtausendalte Tradition – in der Götterverehrung, als Medizin oder als Pflanzen für den sinnlichen Genuss. Entdecken Sie die verschwenderische Fülle der Natur und gestalten Sie ihre persönliche Duftpflanzen-Oase.

Die verführerische Welt der Duftpflanzen

Schönheit, Farbe und Form von Pflanzen faszinieren uns, doch erst ihr Duft öffnet unsere Herzen: Unwillkürlich führt man eine Blüte an die Nase, um die flüchtigen ätherischen Stoffe zu erhaschen. Pflanzendüfte sieht man nicht, kann sie nicht anfassen, und doch sind sie da und verführen uns mit ihrem diskreten Charme. Das Parfum von Maiglöckchen, Tuberose oder Madonnenlilie, die kräftige Würze von Rosmarin, Salbei oder Minze oder der Wohlgeruch von Ananassalbei, Pflaumeniris oder Zitrus beleben die Sinne und sind Balsam für die Seele. Pflanzendüfte machen Lust auf Schnuppern, Ausprobieren und selber Gärtnern. Dazu braucht man keinen Garten: Viele Duftpflanzen lassen sich sehr gut auf dem Balkon oder der Terrasse kultivieren. Und wo hat man Duftpflanzen schon näher um sich als in Nasenhöhe in Balkonkästen oder in hübschen Kübeln?

Kompositionen aus Düften

Wohldosiert und richtig platziert, sind Duftpflanzen das i-Tüpfelchen jeder Bepflanzung. Abgestimmt nach Duftnoten, kann man harmonische Arrangements komponieren, die den Erholungswert jedes Freiluftdomizils steigern: Möchten Sie eine Veranda, die am Feierabend mit wohltuenden Düften zum Relaxen einlädt, oder eine mediterrane Terrasse, auf der Sie, begleitet von würzigen Aromen, vom Süden träumen, oder lieber einen Balkon für Nachtschwärmer, auf dem tropische Düfte Sie durch laue Sommernächte begleiten?
Mit etwas Know-how gelingt die »dufte« Bepflanzung von Kästen und Kübeln ganz einfach. Lassen Sie sich anstecken vom zauberhaften Fluidum der Pflanzenwelt und werden Sie zum Duftpflanzengärtner. So wird Gärtnern zur Aromatherapie am Feierabend.

Düfte begleiten uns durchs Leben

Die Welt der Aromen und Gerüche ist vielfältig und komplex. Düfte steuern auf unsichtbare Weise elementare Lebensvorgänge in der Natur. Sie wirken auf uns ganz unmittelbar und direkt und können Wohlbehagen, Glücksgefühle oder auch Abwehr auslösen. Für ihre Wahrnehmung hat die Natur uns mit einem sehr feinen Sinnesorgan ausgestattet, der Nase.

Immer der Nase nach

Wer kennt das nicht? Ein bestimmter Duft, vielleicht nach Veilchen, frisch geschnittenem Gras oder Himbeermarmelade, steigt einem in die Nase, und im Bruchteil einer Sekunde kommen Bilder und Gefühle hoch: die Kaffeenachmittage bei Oma, Ferien auf dem Bauernhof, das Klassenzimmer von einst. Gerüche können Ereignisse aus der Kindheit, Orte und Gefühle lebhaft ins Gedächtnis zurückrufen und Stimmungen auslösen, ohne dass es uns bewusst ist. Das ist kein Wunder, denn die Nase leitet ihre Impulse auf direktem Weg an das Gehirn, zum limbischen System weiter. Dort befindet sich das Zentrum für Gefühle und Erinnerungen.

Das Sinnesorgan Nase ist für die Geruchswelt bestens ausgestattet. Die Riechschleimhaut, ganz oben in der Nasenhöhle, besteht aus über drei Millionen Riechzellen, die circa 10 000 Gerüche unterscheiden können, allerdings ohne dass wir sie benennen könnten. Unser Geruchssinn leistet wertvolle Dienste beim Erkennen von Gefahren oder beim Erschnüffeln von dem, was uns guttut oder schadet. »Immer der Nase nach« – so scheint auch die Partnerwahl zu funktionieren, wie Studien inzwischen belegen. Mehr als wir denken, kommunizieren wir über Gerüche. Sätze wie »Dich kann ich gut riechen« oder »Das stinkt zum Himmel« bringen das zum Ausdruck.

Aromen für Körper und Seele

Pflanzenaromen spielen seit der Antike eine Rolle in Gesundheit, Wellness und Hygiene. Lange bevor Antibiotika bekannt waren, nutzte man ätherische Öle von Lavendel, Eukalyptus oder Thymian als Antiseptikum und um die Abwehrkräfte zu steigern. Das Inhalieren von Thymian- und Kamillendämpfen ist heute noch ein bewährtes Hausmittel. Auch in der Aromatherapie kommen Pflanzendüfte zum Einsatz. Entspannend, beruhigend und schlaffördernd wirken beispielsweise Lavendel und Melisse. Rosen- und Orangenblüten sollen dagegen stimmungsaufhellend sein. Stimulierend und konzentrationsfördernd wiederum wirken Rosmarin und Minze. Und als Aphrodisiaka gelten die betörenden Düfte von Tuberose und Jasmin.

Düfte in allen **Variationen**

Duftpflanzen decken eine riesige Palette ab: FRUCHTIG Ananassalbei, Orangenminze, Orangenthymian, Pflaumeniris. HERB Agastache, Rosmarin, Salbei, Weihrauchpflanze. LIEBLICH Geißblatt, Maiglöckchen, Rose, Veilchen. SÜSS Clematis, Glyzine, Heliotrop, Schoko-Iris, Schokokosmee. SCHWER Hyazinthe, Jasmin, Königslilie, Tuberose. WÜRZIG Lavendel, Minzen, Nelken. ZITRONIG Zitronenthymian, Zitronenverbene, Zitrus.

1 Die Blüten der Königslilie locken mit ihrem Duft Nachtschwärmer zur Bestäubung an. Da die Blütenfarbe fehlt, ist der Duft das Lockmittel.

2 Die Aromastoffe des Ananassalbeis sitzen in den Blättern. Zerreibt man sie, werden die ätherischen Öle freigesetzt. Das Aroma schützt den Blattdufter vor möglichen Fraßfeinden.

3 Zitrusfrüchte-Schalen enthalten ätherische Öle. Die Pflanzen bieten aber noch mehr: Aus den Blüten gewinnt man Neroli, aus den Blattspitzen Petit Grain.

Warum Pflanzen duften

Pflanzendüfte bestehen aus ätherischen Ölen, Harzen und anderen Stoffen, die sich durch die Einwirkung des Sonnenlichts bilden.

› Bei Blattduftern sind sie in Blattzellen oder feinen Härchen gespeichert. Reibt man an ihren Blättern, werden die Duftmoleküle freigesetzt. Wenn die Sonne die Verdunstung antreibt, verflüchtigen sich die ätherischen Aromen von selbst.

› Blütendufter verströmen den Duft ganz ohne Berührung.

› Duftstoffe können sich auch in Wurzeln, Samen, Rinde oder Fruchtschalen verstecken.

Doch warum duften Pflanzen eigentlich? Was wir als Geschenk der Natur empfinden, dient der Pflanze zum puren Überleben. Sie lockt damit bestäubende Insekten an. Dabei handelt es sich nicht immer um Wohlgerüche. Aasfliegen lassen sich nur auf Blüten nieder, wenn sie ordentlich stinken. Manche Pflanzen wehren sich mit ihren Ausdünstungen gegen Fraßfeinde. Geranien oder Weihrauchpflanze werden deshalb von hungrigen Raupen gemieden. Mediterrane Pflanzen wie Rosmarin schützen sich mit ihren Aromastoffen gegen die Sonne. Anstatt Wasser verdunsten sie an heißen Tagen ätherische Öle und Harze, um nicht auszutrocknen – eine Freude für alle Duftfans.

Düfte sind flüchtig und momentan. Haben Sie deshalb etwas Geduld, wenn Sie auf Schnupperkurs gehen. Wann und wie intensiv Pflanzen ihre Düfte verströmen, hängt von Wetter, Tageszeit, Temperatur, Lichtverhältnissen und Boden ab. Eine Minze in der Sonne duftet stärker als eine im Schatten, Geißblatt riecht abends intensiver als am Tag, Thymian entwickelt sein Aroma erst so richtig in trockener, steiniger Erde. Je näher die Topfkultur den Bedingungen des Heimatstandorts kommt, desto besser.

Ein Potpourri aus Molekülen Ein Duft besteht aus einem Gemisch von Hunderten verschiedener Moleküle. Rosenduft beinhaltet beispielsweise 500 Einzelstoffe. Deshalb sind Pflanzendüfte komplex und schwer zu beschreiben. Dazu kommt, dass ein und derselbe Geruch von zwei Menschen oft völlig unterschiedlich empfunden wird. Duftwahrnehmungen sind äußerst subjektiv. Und deshalb geht der Gesprächsstoff unter Spürnasen nie aus.

Balkon und Terrasse mit Duftpflanzen gestalten

Mit ein wenig Fantasie, den passenden Pflanzen und ein bisschen gärtnerischem Geschick verwandeln Sie City-Balkone, Terrassen, Treppenaufgänge und Hauswände in Duftparadiese. Damit die Wellness-Oase gelingt, sollten Sie sich an den vorhandenen Möglichkeiten orientieren und Raum, Lichtverhältnisse und Arbeitsaufwand in die Planung mit einbeziehen.

Platz für Grünes findet sich immer

Für Terrassen gibt es mehrere Varianten der Bepflanzung.

› Wo es möglich ist, sollte man Kletterrosen, Clematis, Geißblatt oder Glyzinen in ausgesparten Bodenplatten direkt ins Erdreich pflanzen und sie an einer Hauswand oder Pergola hochranken lassen.

› Eine Terrasse bietet meist auch ausreichend Platz, um Solitärpflanzen wie Zitrus wirkungsvoll in Szene zu setzen. Töpfe, Kübel und Pflanztröge in allen Größen können bepflanzt werden, ohne dass man – wie auf dem Balkon – auf ihr Gewicht achten muss. Mobile Gefäße erlauben es zudem, die Terrasse hin und wieder umzumöblieren.

› In Mauerfugen und zwischen Steinplatten können sich duftende Teppiche aus Sandthymian oder Rasenkamille ausbreiten.

Die Höhe nutzen Ein Balkon ist für Pflanzenfreunde immer zu klein – meist füllt ihn eine Sitzgelegenheit schon aus. Da bleibt kaum Raum für Pflanzen. Aber auch hierfür gibt es Lösungen: Nutzen Sie die Höhe. Aus Balkonkästen oder Ampeln dürfen Pflanzen in Kaskaden hängen. Aus Kübeln können mithilfe von Gittern, Stäben und Draht Kletterpflanzen in die Höhe wachsen. Und in einem alten Bücherregal finden Kräuter ein Zuhause. In den jeweiligen Etagen kann man sie in Riechhöhe aufstellen.

Duft für jede Gelegenheit

Platzieren Sie Duftpflanzen möglichst dort, wo sie ihr Aroma optimal entfalten. Sonnige bis halbschattige Lagen nach Südwest oder Südost bieten für die meisten Pflanzen gute Voraussetzungen für die Produktion von Aromastoffen. Eine reine Südlage ist den mediterranen Pflanzen wie Rosmarin oder Thymian vorbehalten. An einem geschützten Platz vor einer Südwand in voller Sonne entwickeln sie ihre ätherischen Öle am besten. Im vollen Schatten duften dagegen nur wenige Waldpflanzen wie Maiglöckchen oder Waldgeißblatt (→ Info).

Im Hanging Basket ist die aromatische Weihrauchpflanze mit ihren Ranken bestens aufgehoben.

Bedenken Sie bei der Planung, wann und wie Sie den Duft genießen und nutzen möchten.

› Blattdufter wie die Zitronenverbene verströmen ihr Parfum bei Berührung. Platzieren Sie sie deshalb beim Eingang. Hier kann man sie im Vorübergehen streifen, sodass sich ihre Zitrusfrische frei entfalten kann. Für andere Blattdufter wie Ananassalbei oder Basilikum reservieren Sie ein Plätzchen bei einem Sitzplatz oder auf dem Fenstersims, um nach Belieben daran zu schnuppern.

› Nachtduftende Pflanzen passen neben einen gemütlichen Gartenstuhl, wo man den Tag mit einem Glas Wein ausklingen lässt. Oder Sie lassen den Duft durchs Fenster wehen: Das rankende Geißblatt etwa läuft unterm Schlafzimmerfenster zur Hochform auf, wenn der Nachtwind den Duft hereinträgt.

› Am Küchenfenster vertreibt ein Pelargonientopf, ein Basilikum oder eine Weihrauchpflanze Insekten.

Die Qual der Wahl

Bevor Sie Ihre Duftpflanzen auswählen, sollten Sie sich überlegen, wie dauerhaft sie sein sollen und wie viel Zeit und Arbeit Sie investieren möchten.

› Informieren Sie sich beim Kauf genau über Größe und Platzbedarf von Gehölzen, denn sie wachsen Jahr für Jahr und benötigen entsprechend große Gefäße. Südliche Arten wiederum brauchen einen frostfreien Überwinterungsplatz im Haus.

› Stauden sind meist robust und winterfest, sie treiben jedes Frühjahr neu aus.

› Wer seinen Balkon von Frühjahr bis Herbst in ein Blütenmeer verwandeln will, ist mit einjährigen Balkonpflanzen gut beraten. Sie benötigen jedoch viel Wasser und Dünger. Wenn die Saison vorüber ist, wandern sie meist auf den Kompost.

› Zwiebel- und- Knollenblumen setzen im Frühjahr duftende Akzente zwischen Gehölze.

Sonnen- und **Schattenseiten**

Die Lichtverhältnisse beeinflussen entscheidend Wachstum, Blühfreudigkeit und das Aroma von Duftpflanzen. Wählen Sie Ihre Duftpflanzen passend zur Lage des Balkons oder der Terrasse.

WESTEN	Sonne am Nachmittag und Abend: Agastachen, Ananassalbei, Basilikum, Duftwicke, Levkoje, Heliotrop, Orangenblume, Rosen.
OSTEN	Sonne vom Morgen bis zum Mittag: Clematis-Arten, Falscher Jasmin, Glyzine, Japanisches Geißblatt, Lilien, Minzen, Narzissen, Rosen.
SÜDEN	Volle Sonne: Currykraut, Duftpelargonien, Federnelke, Lavendel, Rosmarin, Thymian, Zitronenverbene, Zitrus.
NORDEN	Voller Schatten, im Sommer etwas Morgen- oder Abendsonne: Bergwaldrebe, Hyazinthe, Maiglöckchen, Minzen, Waldgeißblatt.

Eine Oase zum Relaxen

Freiluftdomizile vor oder hinterm Haus sind Orte der Erholung und Entspannung, wo man relaxen und den Alltagsstress vergessen kann. Wenn das grüne Wohnzimmer mit Duftpflanzen wie Rosen und Lavendel ausgestattet ist, werden die kostbaren Mußestunden inmitten der harmonischen Pflanzendüfte zum sinnlichen Erlebnis.

Eine Symphonie aus Düften

Unter einer Rosenpergola lässt es sich wunderbar träumen, Lavendelduft wirkt ausgleichend und entspannend, Orangenblüten stimmungsaufhellend. Nutzen Sie die Pflanzenaromen und richten Sie auf der Terrasse oder dem Balkon eine Wohlfühl-Oase für sich und Ihre Familie ein. Damit sich dort alle gerne aufhalten, sollten die Bepflanzung harmonisch und die Düfte aufeinander abgestimmt sein.

› Bei manchen Pflanzendüften scheiden sich die Geister, bei Rosenduft nie. Er wird von den meisten Menschen als angenehm empfunden. Kletterrosen und Englische Rosen sind die idealen Pflanzen, um einen Terrassenplatz stimmungsvoll einzurahmen.

Zur Ruhe kommen: Wo ginge das besser als zwischen Rosen und Lavendel? Mit den Jahren erklimmt die Kletterrose das Rankgerüst und bildet eine duftende Laube.

Wählen Sie öfterblühende Rosen, damit ihr Parfum auch nach der Hauptblüte im Juni noch bis in den Herbst hinein die Terrasse erfüllt.

› Lavendel eignet sich bestens als Begleitung zu den Rosen. Die in der Aromatherapie wohl bedeutendste Pflanze sollte auf keiner Duftterrasse fehlen. Zur Blütezeit im Juni dominiert Lavendel mit seinem intensiven, angenehmen Duft.

› Eine ähnliche Harmonie von Duft und Farbe wie Rosen verbreiten Pfingstrosen. Doch leider haben sie nur einen kurzen Auftritt.

› Eine feine Ergänzung sind der Vanillegeruch des Heliotrops und der Clematis sowie die Zitronendüfte von Orangenblume, Zitronenpelargonie und Zitronenverbene. Die Blüten des Falschen Jasmins 'Belle Etoile', des Zitronenbaums oder der Madonnenlilie duften anregend und verführerisch.

› Im Frühling versprüht ein Kasten mit Maiglöckchen oder Narzissen ein heiteres Frühlingsparfum. Zur Abrundung können Sie Minzen oder Agastachen dazupflanzen. Damit erhält das Arrangement einen minzigen oder harzigen Basiston.

Lauschige Sitzplätze

Ein Wohlfühlplatz für gesellige Stunden oder den stillen Rückzug sollte vor Wind, Sonne und neugierigen Blicken abgeschirmt sein. Korbsessel, eine Hängematte oder ein Liegestuhl sorgen für eine gemütliche Atmosphäre. Ein Rankgerüst oder ein Gitter, das von Duftwicke oder Geißblatt bewachsen ist, dient als Sichtschutz. Ein Rosenbogen am Eingang zur Terrasse teilt den Raum auf und gibt das Gefühl, sich in einem abgegrenzten und dennoch luftigen Raum zu befinden. Für duftende Wände und ein lockeres Blüten- und Blätterdach bietet sich eine Pergola an. Das Gerüst kann aus Holz oder Metall bestehen. Rosen und Clematis sind ideale Partner, um eine Pergola auf sehr anmutige Weise zu beranken. Das Spiel von Blättern und Blüten, von Licht und Schatten zusammen mit den zarten Düften ist bei dieser Kombination besonders reizvoll. Glyzinen sind die Shootingstars unter den Kletterpflanzen, sie begrünen ein Rankgerüst sehr schnell, auch wenn man auf die Blüte manchmal lange warten muss. Kletterpflanzen sollten möglichst direkt in die Erde gepflanzt werden. Das ist auf der Terrasse möglich, wenn man entsprechende Bodenplatten ausspart und so Wurzelraum schafft. Auf einem mit Kletterpflanzen berankten Balkon stattet man die »Bodenetage« mit stilvollen Kübelpflanzen aus.

Frühlingskasten mit starkem, blumigem Duft: Maiglöckchen sind in vielen klassischen Parfums enthalten.

Duftbalkon für Nachtschwärmer

Wer es sich abends auf dem Balkon oder der Terrasse gemütlich macht, kann einem faszinierenden Naturschauspiel beiwohnen: Blüten entfalten sich zu einer bestimmten Uhrzeit und duften um die Wette, Nachtfalter umschwärmen sie wie magisch angezogen, und manche Blume, die tagsüber ein Aschenputteldasein fristet, verwandelt sich unterm Sternenhimmel in eine Königin der Nacht.

Duftende Mondnacht

Auf einem Balkon für Romantiker und Freunde später Stunden dürfen nachtduftende Pflanzen nicht fehlen. Sie offenbaren ihre geheimnisvolle Natur, wenn die übrige Pflanzenwelt ruht. Ihr Duft verbreitet eine sinnliche Atmosphäre, und ihre hellen, fahlen Blüten verleihen Terrasse oder Balkon im Mondschein etwas Feenhaftes, Geheimnisvolles.
Zu den Nachtduftern zählen tropische Pflanzen, aber auch altbekannte heimische Gartenblumen und Kletterpflanzen. Bauerntabak, Gemshorn, Sternenbalsam, Nachtviole, Duftnachtkerze oder Wunderblume öffnen ihre Blüten mit Einbruch der Dämmerung und verströmen ihre süßen, intensiven und manchmal schweren Düfte, wenn es dunkel ist. Geißblatt, Clematis, Heliotrop, Levkoje, Goldlack oder Duftwicke duften auch tagsüber, aber noch stärker gegen Abend. Tuberose und Königslilie können mit ihren schweren Düften einer Terrasse oder einem Balkon tropische Nächte bescheren.

Geheimnisvoller Pflanzenrhythmus

Die blumig-schweren Pflanzendüfte haben eine ganz profane Aufgabe, nämlich Nachtfalter zur Bestäubung anzulocken. Spezialisierte Nachtschwärmer kann man beim Tabak oder der Wunderblume beobachten. Da nachts Farben von der Dunkelheit verschluckt werden, muss die Pflanze umso stärkere Duftsignale setzen, um auf sich aufmerksam zu machen. Zudem schimmern die Blüten meist in hellen Farben, um das wenige Mondlicht zu reflektieren. Am nächsten Vormittag ist der Zauber vorbei. Die meisten Blüten schließen sich, manche komplett wie beim Sternenbalsam, andere hängen schlaff herab wie beim Tabak, wieder andere verwelken nach und nach wie die Blüten der Nachtkerze. Deshalb sehen die nächtlichen Stars tagsüber oft nicht sehr schön aus. Pflanzt man Sommerblumen an ihre Seite, kann man diese Schwäche aber kaschieren.
Mein Tipp Nachtdufter sind in mobilen Töpfen gut aufgehoben. Man kann sie nach Bedarf umstellen oder gezielt einsetzen, zum Beispiel vor dem Schlafzimmerfenster, als Empfang zu einer Party oder in der Wohnung als Raumbedufter.

Düfte für das **ganze Jahr**

FRÜHLINGSDUFT Goldlack, Glyzine, Iris, Maiglöckchen, Nachtviole, Narzisse, Orangenblume, Pfingstrose. **SOMMERBOUQUET** Basilikum, Clematis, Currykraut, Duftpelargonien, Duftwicke, Falscher Jasmin, Geißblatt, Gemshorn, Lavendel, Levkojen, Lilien, Nelken, Rosen, Salbei, Sternbalsam, Tabak, Wunderblume. **HERBSTAROMA** Agastachen, Ananassalbei, Heliotrop, Minzen, Nachtkerze, Rosmarin, Thymian, Tuberose, Zitronenverbene. **WINTERPARFUM** Hyazinthe, Tazetten, Zitrus.

MONDSCHEINGÄRTNERN bringt Mauerblümchen zum Leuchten. Ein Balkonkasten mit Flügeltabak, Sternbalsam, Nachtkerze, Wunderblume und Gemshorn zeigt seine Schönheit erst nachts, wenn sich Blüte um Blüte öffnet und um die Wette duftet. Tags erscheinen die Blüten welk oder sind geschlossen. Die Nachtdufter benötigen nahrhafte Erde und einen geschützten Platz. Bepflanzt man den Kasten im Mai, erlebt man das Blühwunder bis in den Herbst hinein.

VORHANG AUF für das Riechkino auf dem Balkon! Im Dunkeln, wenn das Auge die Umgebung nur schemenhaft wahrnimmt, kommt die Nase auf ihre Kosten. Nachtduftende Pflanzen geben der Sommernacht eine geheimnisvolle Note. Hier sind es der Tabak mit seiner schweren Süße, die an Hyazinthen erinnert, und die Wunderblume mit ihrem lieblichen und blumigen Parfum.

GEISSBLATT versüßt den Abend. Das Klettergehölz, das in unseren Wäldern verbreitet ist, schafft eine lauschige Atmosphäre auf der Veranda oder direkt neben dem Schlafzimmerfenster. Ein an der Wand befestigtes Rankgerüst verleiht der Pflanze Stütze und Halt.

Ein Hauch von Süden

Zitruspflanzen, Rosmarin und würzige Kräuter bringen mediterrane Leichtigkeit ins Spiel. Wenn die Mittags- und Abendsonne sie umflutet, setzen sie harzig-balsamische Aromen frei, gerade recht, um ein sommerliches Menü auf der Terrasse zu begleiten und eine gesellige Runde zu beflügeln, leicht und prickelnd wie ein Gläschen Prosecco.

Der würzige, zitronenfrische Balkon

Die Auswahl für eine mediterrane Bepflanzung ist groß. Viele Pflanzen, die man aus dem Urlaub in Griechenland, Italien oder der Türkei kennt, werden mittlerweile in Gärtnereien angeboten. Darunter sind Kräuter wie Rosmarin, Thymian, Salbei oder Lavendel sowie Pflanzen mit frischem Zitrusduft wie Zitronenbäumchen, Zitronenverbene oder Zitronenthymian. Auch Blattdufter wie Currykraut, Ananassalbei oder Duftpelargonien mit ihren würzigen und fruchtigen Aromen gehören dazu. Nicht zu vergessen die roten und grünen Basilikumsorten mit ihren warmen Duftnoten nach Pfeffer und Nelken.

Griechisches Buschbasilikum wächst kugelrund und bleibt auch ohne Schnitt in Form.

Düfte in vollen Zügen genießen

Terrakottakübel und -kästen unterstreichen den Charakter der Kräuter aus dem Süden. Und denken Sie daran: Ätherische Öle bilden sich nur bei genügend Licht und Wärme. Geben Sie den mediterranen Pflanzen daher einen Platz mit Mittags- oder Abendsonne vor einer windgeschützten Wand.

› Spielen Sie mit Blatt- und Wuchsformen und arrangieren Sie hohe Pflanzen eher im Hintergrund, niedrige vorne.

› Ein Zitrusbäumchen oder Rosmarinbusch sind Blickfänge. Geben Sie ihnen privilegierte Plätze und gruppieren Sie andere Gefäße um sie herum.

› Einjährige Kräuter wie Basilikum sind ideale Lückenfüller. Pelargonien oder Weihrauchpflanzen können aus einer Ampel herunterwachsen.

› Manche Aromen wirken anregend. Ein Rosmarin neben einem Arbeits- oder Leseplatz fördert die Inspiration.

› Küchenkräuter machen sich gut in einem Gewürzregal. Ihr Aroma regt den Appetit an, und nach

Das Land, wo die Zitronen blühen – mit einer Sonnenterrasse und mediterranen Kübelpflanzen kommt man ihm ein Stück näher. Wenn Zitrusgewächse ausreichend Sonne und Wärme erhalten, verströmen sie ihren Duft gleich mehrfach: aus Blättern, Blüten und Fruchtschalen.

Bedarf wandert so manches Kraut aus dem Blumentopf direkt in den Topf oder auf den Teller.

Variationen mit Steinen

Auf einer mediterranen Terrasse sind Steine das prägende Element. Steinplatten aus Kalk oder Granit, ein Fußboden aus Klinker, Steinstufen, eine Trockenmauer oder Steintröge sehen stilecht aus und verbessern das Kleinklima. Sie speichern tagsüber Wärme und geben sie nachts an die Umgebung ab. So sind auch kälteempfindliche Kräuter geschützt. Thymian wächst besser, Lavendel, Nelken und Zitrusgewächse blühen üppiger, wenn sie zwischen Steinen wachsen. Mit einer Mulchschicht aus Kieselsteinen kann man im Blumentopf ähnliche Effekte erzielen. In Steinfugen und auf Mauerkronen fühlen sich mediterrane Polsterpflanzen wie Thymian, Nelken und Oregano wohl. Sie brauchen nur wenig Wurzelraum, schmiegen sich an den warmen Stein und verweben sich zu duftenden Teppichen.

Kübel und Kästen bepflanzen

Damit die duftende Oase gedeiht, empfiehlt es sich, beim Bepflanzen mit Sommerblumen, Kräutern, Stauden und Kübelpflanzen auf gute Qualität zu achten. Was man am Anfang in gesunde Pflanzen, hochwertige Erde und passende Gefäße investiert, zahlt sich später aus.

Erde: die Mischung macht's

Pflanzen, die in Töpfen und Kästen wachsen, verfügen nur über einen beschränkten Wurzelraum. Daher sollte die Erde optimal beschaffen sein. Lassen Sie sich beim Einkauf beraten. Eine hochwertige Erde bietet den Pflanzenwurzeln Luft, Wasser und Nährstoffe im richtigen Verhältnis. Sie ist porös und luftig, also strukturstabil und fällt nicht nach ein paar Wochen in sich zusammen. Dies ist besonders für Stauden und Gehölze wichtig, die ja lange Zeit in ein und demselben Gefäß bleiben.

Qualitätssubstrate aus dem Fachhandel enthalten die nötigen Komponenten in der richtigen Mischung.

› Da sind zum einen Weißtorf oder auch Torfersatz wie Rindenhumus oder Kokosfaser.

› Mineralische Substanzen wie Granulat aus Lavagestein, Blähton oder Perlite bilden die Struktur der Erde und sorgen für Lockerung und Belüftung.

› Schließlich enthalten Substrate Tonmineralien, die aufquellen und Wasser und Nährstoffe binden.

› Weitere Bestandteile von guten Erden sind Kalk und Nährstoffe sowie Kompost oder Lehm.

› Für Pflanzen wie Rosen oder Zitrus gibt es Spezialerden, die auf deren Ansprüche optimal abgestimmt sind. Ihre Anschaffung lohnt sich in jedem Fall.

Um ein Gefühl für die Qualität zu bekommen, nehmen Sie etwas Topferde in die Hand. Wenn sie sich anfühlt wie ein ausgedrückter Schwamm – feucht, luftig und elastisch –, können Sie Kästen und Kübel getrost damit bepflanzen.

Selber Erden zu mischen ist nicht ganz einfach, mit einigen Erfahrungen kann es aber gut gelingen.

Mein Tipp Vermengen Sie gekauftes Substrat mit gesiebtem Kompost oder Gartenerde und Sand im gleichen Verhältnis. Die Erde eines frischen Maulwurfshügels ist dazu gut geeignet. Sammeln und trocknen Sie Ihren Kaffeesatz und mischen Sie ihn darunter. Er verleiht der Erde eine lockere Struktur.

Gefäße: stilvoll, praktisch und kreativ

Letztlich bestimmen Ihr Geschmack und Ihr Geldbeutel, wie Ihre grüne Oase gestylt werden soll. Auf dem Balkon spielt möglicherweise das Gewicht eine Rolle, sodass man besser zu Kunststoff greift.

› Gefäße aus Kunststoff sind leicht, fallen aber leicht um und heizen sich im Sommer auf.

› Tontöpfe ermöglichen dagegen Feuchtigkeits- und Luftaustausch, und wenn sie glasiert sind, verdunstet weniger Wasser. Ein Hingucker sind Töpfe und Kübel aus Terrakotta (mehrfach gebrannter Ton), oft mit schönen Verzierungen. Terrakottatöpfe aus Impruneta sind dickwandig und frostbeständig. Ihr Vorteil: Sie können im Winter draußen bleiben.

› Als Balkonkasten gibt es inzwischen Wasserspeichergefäße, bei denen das Gießwasser unter dem Wurzelraum gespeichert wird. Solche Kästen sind sinnvoll, wenn die Pflanzen im Sommer viel Wasser benötigen und man für mehrere Tage verreist ist.

› Auch Behälter aus Holz oder Weidenkörbe können Sie bepflanzen. Legen Sie innen eine Kunststofffolie aus, in die Sie zuvor Löcher schneiden.

› Die dekorativen Hanging Baskets kommen aus England. Es sind großmaschige Drahtkörbe, die mit Kokosmatten ausgelegt und mit Erde gefüllt sind. Man bepflanzt sie von oben und von der Seite.

Wasserabzug und Dränage Für welche Gefäße Sie sich entscheiden, eines darf auf keinen Fall fehlen: eine Bodenöffnung, durch die das Wasser abfließen kann. Wenn nötig, kann man sie mit einem Bohrer vorsichtig hineinbohren. Darüber kommen Tonscherben, Kies oder Blähton als Dränageschicht. Das Gießwasser fängt ein Untersatz auf.

Wichtig Achten Sie auch auf sichere Befestigungen von Kästen und Hängeampeln. Entscheidend ist dabei das Gewicht nach dem Gießen.

Gut gepflanzt ist halb gewonnen

Hauptpflanzzeit ist der Frühling. Frostempfindliche Gewächse wie Basilikum kommen deshalb erst im Mai ins Freie. Gehölze und Stauden kann man auch noch im Herbst setzen.

› Vor dem Bepflanzen sollten Sie bereits benutzte Gefäße mit Bürste und Essigwasser gründlich von Keimen und Kalkablagerungen säubern.

› Richten Sie die Pflanzen so aus, dass Sie sehen, wie sie am besten zusammenpassen. Hohe kommen in die Mitte, schlanke und buschige wechseln sich ab, und überhängende Arten kommen am vorteilhaftesten am Rand zur Geltung.

› Verwenden Sie nur gesunde, kräftige Pflanzen aus der Gärtnerei: Die Pflanzen sollten mehrere verzweigte Triebe mit zahlreichen Knospen aufweisen. Ein kräftiger Ballen mit hellen Wurzelspitzen ist ein gutes Zeichen. Wählen Sie besser gedrungene, aber gut durchwurzelte Pflanzen statt Exemplare, die zu sehr ins Kraut geschossen sind. Die Blätter sollten immer frei von Krankheiten oder Schädlingen sein.

Wenn Sie per Post Pflanzen beziehen, sollten Sie die Ware umgehend auspacken und möglichst bald einpflanzen.

1 DRÄNAGE Blähton, Kies oder Tonscherben sorgen dafür, dass das Wasser abläuft. Das Vlies hält die Erde zurück. So verstopft der Abfluss nicht.

2 SUBSTRAT Füllen Sie das Gefäß zu zwei Dritteln mit Erde. Qualitätserde ist stabil, locker und enthält reichlich Nährstoffe. Die Pflanzentöpfe inzwischen ins Tauchbad stellen.

3 EINSETZEN Setzen Sie den Wurzelballen so tief in die Erde, wie er vorher stand. Gut festdrücken, mit Erde auffüllen und angießen.

Blütenpracht aus Samen, Zwiebeln und Knollen

Blumen und Kräuter aus Samen, Zwiebeln und Knollen selber ziehen macht Spaß und entlastet den Geldbeutel. Während draußen noch Kältegrade herrschen, zieht man auf der Fensterbank bereits die ersten duftenden Frühjahrsblüher.

So geht die Saat auf

Die Anzucht aus Samen lohnt sich bei allen einjährigen Duftpflanzen, von denen man mehrere Exemplare möchte und mit denen man durch Folgesaaten im Sommer für frischen Nachschub sorgt. Wärmeliebende Pflanzen wie Basilikum, Tabak, Levkoje oder Gummibärchenblume können Sie schon ab März an der warmen Fensterbank anziehen. Nach den Maifrösten kommen sie in die Balkonkästen. Ab April sät man robuste Arten wie Goldlack, Duftwicke, Gemshorn, Nachtviole direkt in den Kasten.

› Zur Anzucht benötigen Sie Saatschalen oder Joghurtbecher sowie Aussaaterde aus dem Fachhandel.

› Wie tief man den Samen sät, entnimmt man den Informationen auf dem Samentütchen. Als Faustregel gilt, dass Samenkörner mit einer Erdschicht bedeckt werden, die dreimal so dick ist wie die Samen. Feiner Samen sowie Lichtkeimer wie Basilikum werden nicht abgedeckt.

› Bis die Samen keimen, brauchen sie gleichmäßige Feuchtigkeit. Feine Samen gießt man nicht, sondern benetzt die Erde mit einer Sprühflasche.

› Wenn die Sämlinge das erste richtige Blatt treiben, werden sie pikiert, also mit genügend Abstand in Töpfe oder Kästen mit nahrhafter Erde gesetzt. Achten Sie darauf, dass die Pflanzenkinderstube genug Licht erhält, sonst recken sich die Setzlinge nach der Sonne, bleiben dünn und fallen leicht um.

› Vor dem Umzug ins Freie die Pflanzen Schritt für Schritt an Temperatur und Sonne gewöhnen.

Start frei für Zwiebeln und Knollen

Pflanzzeit für Zwiebel- und Knollenpflanzen, die im Frühling blühen, ist der Herbst. Narzissen und Hyazinthen gehören dazu. Im Frühling kommen Sommerblüher wie Tuberose oder Wunderblume unter die Erde, im Sommer Madonnenlilie und Iris. Setzen Sie Zwiebeln, Knollen und Rhizome immer mit der Spitze nach oben. Die Pflanztiefe entspricht etwa dreimal der Zwiebelhöhe. Nur die Irisarten werden flach gesetzt.

Wichtig Zwiebeln und Knollen reagieren empfindlich auf Staunässe. Abzugslöcher im Topf, eine min-

Die Hyazinthentreiberei holt den Duft ins Haus, selbst wenn draußen noch der Winter herrscht.

destens 5 cm dicke Schicht aus Tonscherben oder Blähton sind ein absolutes Muss! Mischen Sie ein Drittel Kies oder Lavagranulat unter die Erde, damit die Zwiebeln nicht faulen.

Vortreiben Hyazinthenzwiebeln setzen Sie zum Vortreiben so in einen Topf Erde, dass sie noch herausschauen. Für acht Wochen bei 5–10 °C dunkel stellen, bis sich die Wurzeln entwickeln. Langsam mit dem Gießen beginnen. Zeigt sich der Blütentrieb, hell und warm stellen. Bald können Sie den Blütenduft genießen.

Mein Tipp Bepflanzen Sie einen Kasten mit Narzissen, Goldlack, Nachtviole oder Levkojen. Die Zwiebeln kommen in die untere, die Setzlinge in die obere Etage. Sind die Narzissen verwelkt, entfalten die Blumen ihre ganze Schönheit.

1 AUSSÄEN Duftwicken sät man ab April direkt in den Balkonkasten. Um sich später kräftig zu entwickeln, brauchen die Pflänzchen ausreichend Platz. Dicke Samenkörner wie die der Duftwicke sät man in eine Furche. Als Faustregel gilt: Man bedeckt sie mit einer dreimal so dicken Erdschicht. Lichtkeimer wie Basilikum oder feiner Samen wie Thymian werden nicht mit Erde bedeckt.

2 SANFTES GIESSEN Während der Keimung brauchen die Samen gleichmäßige Feuchtigkeit und die richtige Temperatur. Gießen Sie regelmäßig mit dem Brauseaufsatz mit abgestandenem Wasser, ohne die Erde zu verschlämmen. Feiner Samen oder Lichtkeimer lassen sich am besten mit einer Sprühflasche feucht halten und mit einer Folie vor dem Austrocknen schützen.

3 GUTER HALT Wenn die grüne Pflanzenparade steht, ist der erste Schritt getan. Wenn nötig, muss man jetzt Sämlinge auf 2–3 cm Abstand vereinzeln. Duftwicken brauchen eine Kletterhilfe. Bringen Sie frühzeitig ein Rankgerüst aus Bambusstöckchen, Schnüren oder einem Maschendraht an, an dem die Duftwicken emporranken können. Damit fördern Sie das Pflanzenwachstum.

Gut versorgt: Sommerblumen und Stauden

Ein blühender Balkon ist eine feine Sache. Doch üppig wachsende Balkonpflanzen sind hungrig und durstig. Anders als Gartengewächse, die sich mit ihren Wurzeln aus dem Erdreich selber versorgen können, brauchen Pflanzen in Töpfen und Kästen regelmäßige Wasser- und Düngergaben.

Gießen nach Bedarf

Beim Gießen zeigen sich die unterschiedlichen Ansprüche der verschiedenen Duftpflanzen.

› Viele mediterrane Arten sind wahre Trockenkünstler. Sie brauchen mineralische, trockene Erde, um ätherische Öle zu bilden. Thymian, Salbei, Lavendel, Rosmarin, Nelken oder Currykraut gießt man erst, wenn der Wurzelballen fast ausgetrocknet ist.

› Bei manchen Duftpflanzen wie Pelargonien, Lavendel, Zitruspflanzen oder Falschem Jasmin bewirken geizige Wassergaben einen vermehrten Blütenansatz und damit mehr Duft.

› Eingewachsener Basilikum, Minze, Vanilleblume, Clematis oder Geißblatt dagegen verlangen im Sommer täglich nach der Gießkanne.

Wässern Sie vormittags oder abends und testen Sie mit den Fingern die oberste Erdschicht. Sie sollte trocken sein, bevor Sie zur Kanne greifen. Gesammeltes Regenwasser ist optimal für die Pflanzen. Gießen Sie nicht auf die Blätter, sondern in den Wurzelraum. Sollten die Topfpflanzen in der heißen Mittagssonne einmal schlapp werden, nie kaltes Wasser über die erhitzten Blätter brausen, sondern mit einem Tauchbad Abhilfe schaffen.

Düngen mit Maß

Etwa vier Wochen nach dem Pflanzen beginnt man zu düngen. Auch dabei ist das rechte Maß wichtig. Denn die Pflanzen entwickeln nur reichlich Duftstoffe, wenn man beim Düngen zurückhaltend ist.

› Mit einem Langzeitdünger sind Sie auf der sicheren Seite. Er enthält die nötigen Nährstoffe als Depot und gibt sie im Lauf der nächsten Monate frei.

› Flüssigdünger wirkt schnell und hält nur kurze Zeit vor – eine gute Ergänzung bei Nährstoffmangel.

Stauden topft man alle drei bis vier Jahre in frische Erde um. Dabei kann der Wurzelstock geteilt werden.

Mit einem Langzeitdünger im Frühjahr kann man nicht überdüngen. Er gibt die Nährstoffe im richtigen Maß drei bis sechs Monate lang ab.

Regenwasser oder abgestandenes Wasser ist für Balkonpflanzen ideal. Gießen Sie aufs Erdreich, nicht auf die Blätter, so gelangt das Wasser direkt an die Wurzeln.

› Für Zitrus und Rosen sind Spezialdünger empfehlenswert, da sie genau auf die Bedürfnisse dieser Pflanzen abgestimmt sind.

Beobachten Sie Ihre Pflanzen regelmäßig: Große, weiche Blätter mit wenig Aroma zeigen Überdüngung an. Da heißt es: Weniger ist mehr! Gelbe Blätter und spärlicher Wuchs deuten auf Nährstoffmangel hin. Solche Pflanzen sollten Sie vorsichtig düngen.

Nicht vergessen Stauden stehen jahrelang im selben Gefäß. Topfen Sie sie alle drei bis vier Jahre um und versorgen Sie sie mit frischer Erde. Dabei den Wurzelballen immer feucht halten.

Gesund und ausgeputzt

Krankheiten und Schädlinge sind kein Problem, wenn Sie Ihre Pflanzen regelmäßig kontrollieren.

› Dem beginnenden Befall durch Blattläuse kann man Herr werden, indem man die Tiere abstreift oder die Pflanze mit Schmierseifenlösung einsprüht.

› Triebe mit Grauschimmel oder Mehltau sollten frühzeitig entfernt und im Müll entsorgt werden.

Schönheitspflege Regelmäßiges Ausputzen von welken Blüten und Blättern sorgt nicht nur für Hygiene, sondern regt bei Pflanzen wie Vanilleblume, Goldlack, Wunderblume oder Schokoladen-Kosmee eine reiche Verzweigung und Blütenbildung an. Bei Basilikum fördert man durch regelmäßiges Entspitzen den kompakten Wuchs und zögert die unerwünschte Blüte hinaus.

Fit für den **Urlaub**

Ein automatisches Bewässerungssystem kann einen sorglosen Urlaub ermöglichen. Dabei werden Verteilerschläuche an einem Wasserhahn angeschlossen und durch einen Regler in Gang gesetzt. So gelangt das Wasser fein dosiert in die Behälter. Für eine begrenzte Zeit tun auch Wasserspeicherkästen gute Dienste. Gold wert sind aber immer noch Nachbarn, die nach dem Rechten sehen.

So bleiben Gehölze in Form

Gehölze wachsen im Lauf der Zeit zu stattlichen Gewächsen heran. Damit sie möglichst viele Jahre lang Schmuckstücke auf Balkon und Terrasse bleiben, sollte man hin und wieder zu Schere, Dünger und frischer Erde greifen.

Gut geerdet und gestützt

Gehölze füllen ihren Kübel auf Dauer mit ihren Wurzeln komplett aus. Topfen Sie sie, wenn möglich, alle drei bis vier Jahre um und sorgen Sie jedes Frühjahr für eine Extraportion frischer Erde. Dazu entfernt man mit einer Handschaufel die obere Schicht, trägt Kompost oder neue Erde auf, mischt einen Langzeitdünger darunter und arbeitet das Ganze mit einer Handharke ein.

Winterquartier für Zitrus & Co

Die richtige Überwinterung ist das A & O für das Gedeihen von Zitrus & Co:

STANDORT Als Winterquartier eignet sich ein heller, kühler Ort mit 5–10 °C, z. B. das Treppenhaus oder wenig genutzte Räume wie Gästezimmer o. Ä. Je wärmer, desto heller muss der Standort sein.

PFLEGE Ab Mitte August nicht mehr düngen. Trocken ins Winterquartier bringen und dort nur so viel gießen, dass der Topf nicht austrocknet.

KONTROLLE Regelmäßig lüften; auf Schädlinge und Pilze achten. Wenn nötig, Schildläuse oder Spinnmilben abwaschen; kranke Triebe entfernen.

UMZUG Ab April die Pflanzen geschützt an der Hauswand an Licht und Temperatur gewöhnen.

Bei Klettergehölzen sollte man ab und zu die Rankhilfen überprüfen und abstehende Triebe mit elastischen Bändern befestigen. Schlinger wie Glyzine oder Geißblatt winden sich von allein um Drahtseile oder Balkonstäbe, Rankpflanzen wie Clematis klettern an Rankgittern empor, und Spreizklimmer wie Kletterrosen finden an einem Spalier Halt.

Der richtige Schnitt

Ein regelmäßiger Schnitt hält Gehölze im Kübel gesund, bringt sie in Form und regt die Blütenbildung an. Im Allgemeinen gilt: Entfernen Sie kranke, welke, dünne und abstehende Triebe. Jeder Rückschnitt regt das Wachstum an, ein starker mehr als ein schwacher. Kappen Sie den Trieb möglichst oberhalb einer nach außen führenden Verzweigung oder Knospe. Damit die Wunde glatt ist und schnell heilt, nur mit einer scharfen Schere schneiden.

› Rosen schneidet man vor dem Austrieb im Frühjahr zurück. Um weitere Blüten anzuregen, stutzt man im Sommer die verblühten Stängel oberhalb des ersten voll entwickelten Blattes. Wildtriebe, die unterhalb der als Verdickung zu erkennenden Veredelungsstelle austreiben, immer ausreißen.

› Glyzinen braucht am Anfang einen starken Erziehungsschnitt. So wachsen sie in die gewünschte Form, und die Blütenbildung wird angeregt.

› Bergwaldrebe, Falscher Jasmin und Echtes Geißblatt dagegen werden nicht geschnitten, es sei denn, sie verkahlen. Dann stutzt man einige alte Triebe bodennah, damit die Pflanze neu nachtreibt.

› Um sie vital und buschig zu halten, schneidet man mediterrane Halbsträucher wie Lavendel oder Salbei jährlich vor dem Austrieb.

Wenn der Frost naht

Rechtzeitig vor dem Winter bringt man südländische Kübelpflanzen wie Zitrus oder Zitronenverbene ins Haus. Kübelpflanzen wie Rosen, Clematis, Rosmarin oder Falscher Jasmin können draußen bleiben, werden aber mit einer Bastmatte, einem Vlies oder mit Noppenfolie eingepackt.

Wichtig Die Kübel im Winter erhöht stellen – auf Holzklötze, Styropor oder eine Getränkekiste –, sodass sie vor Bodenkälte geschützt sind. Mediterrane Kräuter wie Thymian, Currykraut oder Lavendel tolerieren leichten Frost, leiden in unseren Breiten aber unter den Niederschlägen im Winter. Ein überdachter, trockener Platz ist für sie ideal.

BEFESTIGEN Stabile Spanndrähte oder ein an der Wand fixiertes Rankgerüst geben Kletterpflanzen Halt. Schlingpflanzen wie die Glyzine umschlingen die Drähte und üben im Lauf der Jahre starke Kräfte aus. Lassen Sie deshalb nur wenige Triebe stehen. Spreizklimmer wie Kletterrosen werden regelmäßig mit elastischen Bändern am Rankgerüst befestigt.

SCHNEIDEN Bei den öfterblühenden Rosen entfernt man regelmäßig im Sommer die verblühten Stängel. Setzen Sie dafür die Schere oberhalb des ersten, voll entwickelten Blatts an. Durch den richtigen Schnitt erhalten Sie die Gesundheit der meisten Gehölze und fördern ihre Blütenbildung. Der Zeitpunkt für den Rückschnitt ist im Allgemeinen das Frühjahr vor dem Austrieb.

SCHÜTZEN Kübelpflanzen, die den Winter über draußen bleiben, brauchen bei frostigen Temperaturen einen Winterschutz. Hüllen Sie den Topf mit einer Kokosmatte, einer Noppenfolie oder einem Jutesack ein und stellen Sie ihn vom Boden erhöht auf Holz oder Styropor. Tannenreisig spendet Schatten und schützt immergrüne Pflanzen wie Rosmarin vor der Verdunstung.

Düfte zum Wohlfühlen

Seit alters war es ein Wunsch der Menschen, vergängliche Pflanzendüfte einzufangen, um sie jederzeit zur Verfügung zu haben. Um ätherische Öle zu extrahieren, nutzten die Parfümeure die Wasserdampfdestillation oder die Enfleurage, ein Auszug mittels Öl und Fett. Diese Verfahren sind jedoch sehr aufwendig. Im Folgenden finden Sie ein paar Tipps für den Hausgebrauch.
Um Duftstoffe zu gewinnen, sollte man Blüten und Blätter zum richtigen Zeitpunkt ernten und rasch und schonend verarbeiten. Eine Schönwetterphase ist zum Trocknen ideal. Schneiden Sie Blüten, wenn sie sich gerade geöffnet haben. Aromatische Kräuter erntet man am späten Vormittag.

1 Aroma-Öle: Balsam für die Seele

Nehmen Sie ein geruchsneutrales Öl, etwa süßes Mandelöl. Lassen Sie eine Handvoll Rosenblütenblätter leicht anwelken und füllen Sie sie in eine Flasche. Mit dem Öl aufgießen. Ein paar Tage ziehen lassen, durch ein Tuch abfiltern und erneut mit frischen Blüten aufsetzen. Sie können dies ein paar Mal wiederholen, bis genügend Duftstoffe in das Öl übergegangen sind. Parfümierte Öle kann man sehr gut mit Jasmin, Tuberose, Maiglöckchen, Lavendel, Minze oder Rosmarin herstellen.

2 Räuchern: mystische Reinigung

Beim Räuchern verglimmen Harze und Aromastoffe. Räuchern ist ein uralter Brauch der Reinigung und eine religiöse Handlung bei indianischen Zeremonien, in der katholischen Messe oder in buddhistischen Tempeln. Man schnürt aus Salbeistängeln ein Räucherbündel und hängt es zum Trocknen auf. In eine feuerfeste Schale legen, anzünden und verglühen lassen. Gehen Sie mit der Schale durch die Wohnung, um den Rauch zu verteilen. Auch Muskatellersalbei, Thymian, Lavendel oder Beifuß eignen sich dafür.

3 Duftsäckchen: frische Brise

Das Lavendelsäckchen aus Omas Wäscheschrank ist ein beliebtes Hausmittel, um Motten zu vertreiben, und ein hübsches Geschenk obendrein. Zum Trocknen bindet man blühende Lavendelstängel zu einem Strauß und hängt sie drei bis vier Tage im luftigen Schatten auf. Für die Säckchen eignen sich dünne Baumwoll- oder Gazestoffe. Die getrockneten Blüten abstreifen und einfüllen. Lässt der Duft nach, die Säckchen mit ätherischem Öl auffrischen.

4 Potpourri: Duft im ganzen Haus

Ein Potpourri ist ein Arrangement aus getrockneten Blüten, Blättern und Samen in einem dekorativen Gefäß. Rosen- und Lavendelblüten, Duftpelargonien, Zitronenverbene, Minzen und andere Duftpflanzen eignen sich dafür. Trocknen Sie die Pflanzenteile auf Küchenkrepp. Vermengen Sie alles und mischen Sie als Fixativ einen Teelöffel gemahlene Iriswurzel (*Iris florentina* aus der Apotheke) dazu. Im Bad, auf der Toilette, im Hausflur verbreitet das Potpourri in einem Luftzug beim Vorübergehen sein Aroma.

5 Badezusatz: in Düfte eintauchen

Frische Kräuter als Badezusatz entfalten ganz einfach ihren Wohlgeruch, wenn man heißes Wasser darüberlaufen lässt. Ein erfrischendes Bad geben Rosmarin, Minze oder Zitronenverbene.

1

2

3

4

5

Duftpflanzen-Porträts

Duftpflanzen umfassen sehr unterschiedliche Arten. So facettenreich ihre Aromen sind, so verschieden sind auch ihre Ansprüche. Die Porträts bieten Ihnen eine Auswahl der markantesten Duftpflanzen – sicher sind auch für Sie die passenden dabei.

Ein Duftpflanzenbouquet für alle Fälle

Die auf den folgenden Seiten beschriebenen Duftpflanzen eignen sich alle für die Kultur in Töpfen und Kübeln. Zum besseren Überblick sind sie nach ihrer Lebensform in vier Gruppen eingeteilt. Sie erfüllen unterschiedliche Zwecke: Gehölze eignen sich als Rankpflanze oder für Solitärkübel, Stauden wachsen dauerhaft in Kästen und Kübeln, einjährige Arten entfalten einen Sommer lang ihre Blütenpracht, und Zwiebel- und Knollenpflanzen lassen sich ganz variabel nach Lust und Laune einsetzen.

Immer der Nase nach

Duftpflanzen stammen aus der ganzen Welt. Da gibt es tropische Schönheiten wie die Tuberose, heimische Arten wie Maiglöckchen oder Mittelmeerkräuter wie Lavendel.

› Ein Kriterium für die Auswahl ist sicherlich die Blütezeit. Durch die Angaben in den Porträts können Sie die Bepflanzung so staffeln, dass Sie vom Frühjahr bis zum Winter Düfte genießen können.

› Jede Pflanze hat ihre Duftnote. Sie treffend zu beschreiben ist nicht leicht. Ihre Intensität hängt von der Tageszeit ab, vom Standort oder davon, ob sich eine Blüte gerade geöffnet hat. In den Porträts sind die Düfte beschrieben. Doch weil jeder die Nuancen etwas anders wahrnimmt, müssen Sie »per Nase« Ihre eigenen Erfahrungen machen.

› In einer Gattung gibt es oft Dutzende von Duftrichtungen, denken Sie nur an Salbei oder Minze. In solchen Fällen sind genaue botanische Namen hilfreich. In Duftpflanzengärtnereien (→ Seite 62) kann man sich auf Arten- und Sortenbezeichnungen sowie auf gute Pflanzenqualität verlassen. Fordern Sie Kataloge an, oder noch besser: Spazieren Sie im Frühjahr durch Gärtnereien und Baumschulen und lassen sich von Ihrer Nase leiten.

Rosa spec.

Rosen

☼ ◑ ✿ ❄

WUCHS strauchartig | **HÖHE** 1–2,5 m | **BLÜTEZEIT** Mai–Oktober

Es ist die Harmonie von Schönheit und Duft der Rosen, die uns so tief berührt. Ganz unwillkürlich nähern wir uns mit der Nase einer geöffneten Blüte, um ihr Parfum einzuatmen. Rosenaroma, so weiß man, wirkt stimmungsaufhellend und beruhigt. Den klassischen Rosenduft verbreiten Alte Rosen wie Zentifolien oder Damaszenerrosen, die stattliche Büsche entwickeln und meist nur einmal im Jahr blühen. Aus ihren Blüten wird bis heute das ätherische Rosenöl destilliert. Die Einfuhr von Teerosen aus China vor 150 Jahren war schließlich die Geburtsstunde der modernen Rosen. Durch Einkreuzungen entstanden zahlreiche Varianten mit niedrigerem Wuchs und einer reichen Farbpalette. Seit etwa 30 Jahren sind die Englischen Rosen tonangebend. Sie verbinden den Charme der historischen Sorten mit der Blühfreudigkeit moderner Rosen, und sie duften – aber wie! In den Baumschulen werden heute duftende Edelrosen, Strauch- oder Kletterrosen angeboten, die den ganzen Sommer über blühen und ideal für die Bepflanzung einer Terrasse sind. Achten Sie darauf, gesunde, pilzresistente Sorten mit der Qualitätskennzeichnung ADR zu kaufen.

Duft Die Auswahl an duftenden Rosen ist riesig. Hier einige meiner Lieblingssorten: Die Kletterrose 'Compassion' duftet stark, lieblich und süß. Sie ist öfterblühend mit rosa-lachs-orangenen Blüten und wird bis 2,5 m hoch. Dazu ist sie robust und frosthart. 'Jude the Obscure', eine Englische Rose von

FRUCHTIG Die Edelrose 'Augusta Luise' vereinigt Rosen- und Pfirsichduft. Wer kann da widerstehen?

ROMANTISCH Die Rose 'Jude the Obscure' (oben) überzeugt mit Teerosenduft. Auch die Kletterrose 'Compassion' (unten) duftet verführerisch.

David Austin mit cremegelben Blüten, hat ein feinfruchtiges Aroma. Sie blüht mehrmals. Die nostalgische Edelrose 'Augusta Luise' mit dicht gefüllten, pink-orangefarbenen Blüten verströmt intensiven Rosenduft mit fruchtiger Note. Rosa-gelb sind die hübschen Blüten der Englischen Rose 'Elle' mit einem Duft nach Pfirsich und Limonen.

Aussehen Alte Rosen blühen meist rosa, purpurn oder weiß. Unter den modernen und Englischen Rosen findet man außer Rosatönen auch Gelb, Orange, Creme, Lachsrosa und Apricot. Die Blätter sind kräftig grün, die Zweige tragen Stacheln.

Standort/Pflege Rosen brauchen einen geschützten Platz, der nicht zu sehr dem Regen ausgesetzt ist. Eine exponierte Südwand eignet sich nicht, da der Hitzestau die Blätter verbrennt. Rosen lieben nahrhaften, sandig-lehmigen Boden. Kletterrosen zum Beranken einer Hauswand pflanzt man, wenn möglich, direkt ins Erdreich. Setzt man Rosen in Kübel, muss man ein ausreichend tiefes Gefäß nehmen. Für Beetrosen und Englische Rosen sollte es 50–60 cm, für Edel-, Strauch- und Kletterrosen 70 cm tief sein. Wichtig: Für gute Dränage sorgen. Rosen werden heute häufig als Containerpflanze angeboten. So kann man sie das ganze Jahr über bis zum Herbst pflanzen. Wurzelnackte Rosen erhält man, wenn man Rosen per Post aus einer Rosengärtnerei bezieht. Man setzt sie im Herbst. Wässern Sie den Wurzelstock zunächst, schneiden Sie die Wurzeln an und setzen Sie die Pflanze so ein, dass die Veredelungsstelle 5 cm tief unter der Erde liegt. Düngen und gießen Sie Ihre Duftrosen im Topf regelmäßig und bringen Sie im Frühjahr frischen Kompost und Langzeitdünger für Rosen aus. Zum zweiten Mal nach der Hauptblüte im Juni düngen. Ab August nicht mehr düngen. Alle zwei bis drei Jahre umtopfen. Vor dem Winter 20 cm hoch Erde anhäufeln und mit Noppenfolie oder Tannenreisig abdecken. Trocknen die Blätter bei zu viel Regen nicht ab, werden sie manchmal von Sternrußtau, Rosenrost oder Mehltau befallen. Schneiden Sie kranke Triebe radikal ab. Der Neuaustrieb ist oft gesund.

Schnitt Im Frühjahr Triebe schräg über einem nach außen stehenden Auge um ein Drittel ihrer Länge zurückschneiden. Abgestorbene Triebe entfernen. Zur Blütenanregung verblühte Stängel oberhalb des ersten voll ausgebildeten Blatts stutzen. Kletterrosen die ersten drei Jahre ungestört wachsen lassen.

Verwendung Blütenblätter bei sonnigem Wetter ernten und zum Trocknen auf Küchenkrepp auslegen. Für Potpourris, Rosenkissen, Rosenwasser u. Ä. verwenden (→ Info).

Rosenduft fürs ganze Jahr

ROSENWASSER Den Einsatz eines Espressokännchens, in dem noch kein Kaffee gekocht wurde, sehr dicht mit Rosenblütenblättern füllen, Wasser einfüllen und sieden lassen. Das abgekühlte Rosenwasser für Kosmetik, im Dampfbügeleisen oder in einem Zerstäuber als Raumspray nutzen.

ROSENZUCKER In ein Glas abwechselnd eine Schicht Zucker und eine Schicht frischer oder getrockneter Rosenblütenblätter einfüllen. In den nächsten Tagen ab und zu schütteln.

Clematis spec.

Clematis

WUCHS Kletterpflanze | HÖHE 1–12 m | BLÜTEZEIT je nach Art und Sorte April–September

Die anmutige Waldrebe mit den zarten Blüten und dem kräftigen Wuchs findet immer mehr Freunde. Um eine Pergola, eine Wand oder ein Balkongeländer selbst im Schatten beranken zu lassen, ist die Clematis eine gute Wahl. Wenn die Nase bestimmen soll, sind vor allem die kleinblütigen Sorten und botanischen Arten empfehlenswert.

Duft Zart, süß und vanilleartig duftet *Clematis triternata* 'Rubromarginata' (→ Abb.). Sie öffnet ihre violett-weißen Blütensterne von Juli bis September. *C. flammula* mit einem Meer von kleinen, weißen Sternenblüten duftet blumig-süß. Dezenten Vanilleduft besitzt *C. viticella* 'Betty Corning' mit blauen Glockenblüten. Sie gedeiht gut im Kübel. Unter den *Clematis-montana*-Sorten duften *C. montana rubens odorata*, 'Mayleen' und 'Tetra Rose' nach Vanille, die Sorte 'Wilsonii' nach Schokolade.

Aussehen Weiße, rosa, purpurne oder violette Blüten, anemonenförmig, sternförmig oder wie Glocken. Bildet starkwüchsige, rankende Triebe.

Standort/Pflege Clematis gedeiht im Kübel, wenn dieser mindestens 50 cm tief ist und einen entsprechenden Durchmesser hat. Sie braucht ein Rankgerüst. Nehmen Sie einen Topf aus Steingut, denn Clematis will die »Füße« im kühlen Schatten haben. Clematis verträgt keine Staunässe. Ein durchlässiges Substrat mit Perlite ist deshalb empfehlenswert. Stellen Sie den Topf auf Klötzchen, damit das Wasser besser abfließt. Man pflanzt Clematis 5 cm tiefer, als sie in dem Container stand, und befüllt den Topf nur bis 5 cm unter den Rand mit Erde. Eine Mulchschicht aus Laub oder Stroh rings um den Fuß der Pflanze sorgt im Sommer für Schatten. Gießen und düngen Sie regelmäßig. Jedes Frühjahr eine Schicht frische Erde und Langzeitdünger aufbringen. Nach vier Jahren die Erde auswechseln und den Wurzelballen um ein Drittel einkürzen.

Schnitt Sommerblühende Arten wie *C. triternata* im November auf 30–50 cm über dem Boden zurückschneiden. *C. montana*, die im Frühling blüht, benötigt keinen Schnitt, es sei denn, sie verkahlt. Dann stutzt man sie im Juni komplett kurz über dem Boden. Eine junge Clematis im November des ersten Jahres bis auf 20 cm über dem Boden einkürzen, damit sie Kraft gewinnt.

Besonderheiten Die Bergwaldrebe *(C. montana)* pflanzt man besser in den Boden. Sie wird über 12 m hoch und berankt Hausfassaden und Balkone.

Sonne | Halbschatten | Schatten | Blütendufter | Blattdufter

Philadelphus coronarius und Hybriden

Falscher Jasmin

WUCHS lockerer Strauch | **HÖHE** je nach Art und Sorte 1–4 m | **BLÜTEZEIT** Mai–Juni

Nähert man sich einem Falschen Jasmin, empfängt einen eine angenehme Duftwolke. Der aus Bauerngärten bekannte Zierstrauch mit den leicht überhängenden Zweigen und den reinweißen Blüten im Kontrast zu dem frischgrünen Laub wird im Volksmund auch Bauernjasmin oder Pfeifenstrauch genannt. Sein äußert angenehmer Jasminduft, seine schöne Gestalt und seine Winterhärte haben den Strauch aus dem östlichen Mittelmeerraum bei uns so beliebt gemacht. Für die Bepflanzung von Kübeln eignen sich besonders die Hybriden, die nur eine Höhe von 1–1,5 m erreichen. Manche duften unwiderstehlich, etwa *Philadelphus* 'Belle Etoile' (→ Abb.). Er bereichert jede Balkonbepflanzung.

Duft Die Blüten des Falschen Jasmins verströmen einen feinen Jasminduft. Die Hybride 'Belle Etoile' duftet intensiv, leicht, blumig und frisch mit einer Pfirsichnote und erinnert an bestimmte Sommerparfums. Die Hybride 'Dame Blanche' mit halbgefüllten Blüten ist nicht ganz so blumig, sondern etwas schwerer im Aroma. Nicht alle *Philadelphus*-Sorten und -Hybriden duften. Achten Sie in der Gärtnerei darauf und kaufen Sie eine blühende Pflanze, um sicherzugehen.

Aussehen 3–4 cm große, reinweiße, gefüllte oder ungefüllte Blüten mit gelben Staubgefäßen, die einzeln oder in Trauben stehen. Die Blüten von 'Belle Etoile' sind im Innern purpurn gefärbt. Typisch für den Pfeifenstrauch sind die leicht überhängenden Zweige.

Standort/Pflege Der Falsche Jasmin braucht einen sonnigen Standort und ist mit normaler Topferde zufrieden, die aber durchlässig sein sollte. Mäßig gießen. Beim Düngen genügt es, wenn Sie jedes Jahr eine Schicht frischen Kompost aufbringen. Den Winter über ziemlich trocken halten, dann übersteht er die Kälteperiode gut.

Schnitt Der Falsche Jasmin blüht am vorjährigen Holz, d. h. an den Trieben, die im Jahr vor der Blüte gebildet wurden. Deshalb den Strauch im Frühjahr nicht schneiden, sonst entfernt man die Blütenanlagen. Es empfiehlt sich jedoch, den Strauch alle zwei bis drei Jahre auszulichten, um ihn zu verjüngen. Schneiden Sie nach der Blüte einige der holzigen Triebe ganz unten an der Basis ab.

Besonderheiten Platzieren Sie den Kübel mit dem Falschen Jasmin in der Nähe des Sitzplatzes, um sein Parfum unverfälscht genießen zu können.

Lonicera spec.

Geißblatt

WUCHS Rankpflanze | **HÖHE** je nach Art 1–2 m
BLÜTEZEIT Mai–Oktober

Das Echte Geißblatt wird im Volksmund auch »Jelängerjelieber« genannt. Wer jemals in einer Sommernacht den süßen Duft genossen hat, versteht, was mit dem Namen gemeint ist. Das Aroma des Geißblatts wirkt wohltuend und entspannend und nie aufdringlich, sei es, dass sein Parfum von draußen durchs Schlafzimmerfenster weht, sei es, dass eine romantische Laube aus Geißblatt den Background für ein Candle-Light-Dinner bildet.
Die ursprünglich in den Wäldern Europas beheimatete Geißblattfamilie umfasst über 180 Arten. Das Echte Geißblatt und das Waldgeißblatt sind bei uns heimisch. Unter den vielen Züchtungen findet man interessante Hybriden, die für Duftbalkon und Terrasse geeignet sind. Ihr Vorteil gegenüber den Wildformen ist, dass sie sehr üppig und sehr lange blühen, oft vom Sommer bis zum Herbst.
Wer eine naturnahe Bepflanzung liebt, trifft mit dem Geißblatt eine gute Wahl. Nachts kann man die Bestäubung der Blüten durch die Nachtfalter beobachten, die mit langen Rüsseln Nektar aus den Blütenröhren trinken. Im Herbst sind die Beeren eine willkommene Delikatesse für Vögel.
Duft Geißblatt ist ein Nachtdufter. Das Echte Geißblatt, *Lonicera caprifolium* (→ Abb.), verströmt einen starken, blumig-süßen und sehr angenehmen Duft. Es ist immergrün und wird nur 2 m hoch. Am besten besorgt man sich in der Gärtnerei zweijährige Pflanzen; sie blühen noch im selben Jahr. Aus den attraktiven Blüten entstehen im Herbst rote Früchte. Vom ebenfalls heimischen Waldgeißblatt, *L. periclymenum,* sind besonders die Hybriden zu empfehlen: 'Heaven scent' überzeugt mit üppigen Blüten und süßem Duft bereits Anfang Mai. Die Sorte 'Serotina' fällt mit den malerischen cremeweiß-roten Blüten ins Auge und verwöhnt die Nase mit lieblichem, süßem Duft am Abend. Noch intensiver duftet das Japanische Geißblatt, *L. japonica*, das aus China und Japan stammt. Die weißen bis hellgelben Blüten verströmen von Mai bis Juni zarte, jasminartige Duftwolken, die an Zitrus erinnern. Kürzt man verblühte Triebe rechtzeitig ein, blühen die Pflanzen von August bis September ein zweites Mal. Das wüchsige, immergrüne Gehölz ist zum Beranken von Pergolen eine gute Wahl. Es toleriert auch einen vollsonnigen Standort.
Aussehen Blütenröhren, die in Büscheln zusammenstehen. Je nach Art weiß-gelb, orange-gelb

ALLROUNDTALENT Das Waldgeißblatt *L. periclymenum* 'Serotina' punktet mit auffallenden Blüten, betörendem Duft und roten Beeren im Herbst.

EXOTISCH Intensiven Jasminduft am Abend verbreiten die Blüten des Japanischen Geißblatts. Der Schlinger ist ideal, um Pergolas zu begrünen.

oder rötlich überlaufen. Im Herbst schwarze bzw. rote, leicht giftige Beeren. Manche Arten sind blattabwerfend, manche immergrün. Die immergrünen Arten rollen bei Frost manchmal ihre Blätter ein.

Standort/Pflege Das Geißblatt fühlt sich in Ost- oder Westlagen mit hoher Luftfeuchtigkeit wohl. Volle Sonne und einen heißen, trockenen Standort mag es nicht. Eher kommt es mit Schatten zurecht und kann sogar einen Nordbalkon begrünen, allerdings mit weniger Blüten. Ein frischer, feuchter, nährstoffreicher Boden ist die Voraussetzung für gutes Wachstum. Kann man Geißblatt nicht direkt in den Boden pflanzen, nimmt man 50–70 cm tiefe Gefäße mit entsprechendem Durchmesser. Von allen Geißblattarten ist das Japanische Geißblatt am ehesten für die Kübelpflanzung geeignet. *Lonicera* braucht eine nahrhafte, leicht kalkige Pflanzerde und eine Dränage aus Blähton. Pflanzzeit ist Herbst oder Frühjahr. Dieses Gehölz will es gleichmäßig feucht haben, der Wurzelbereich sollte nie austrocknen. Regelmäßig Gießen ist daher ein Muss. Jedes Frühjahr frischen Kompost und organischen Langzeitdünger aufbringen. Geißblatt will, ähnlich wie Clematis, den »Fuß« im Schatten haben. Dafür eignet sich eine Unterpflanzung mit buschigen Sommerblumen, sodass die unteren 20 cm des Stamms beschattet sind. Weil Geißblatt ein Schlinger ist, benötigt es zum Emporwachsen senkrechte Stäbe oder Spanndrähte, um die es sich winden kann. Da es nur mittelstark wächst, können Sie es auch am Balkongeländer ranken lassen. Alle Geißblattarten sind winterhart.

Schnitt Bei Bedarf im Frühjahr die Triebe auslichten, im Sommer nach der Blüte Seitenäste etwas einkürzen, um die Verzweigung anzuregen. Verkahlte Triebe bis auf 50 cm zurückschneiden.

Besonderheiten Durch die Verwachsungen entstehen manchmal schneckenförmige Verdickungen am Stamm. Daraus schnitten sich früher Zimmermannsgesellen auf Wanderschaft ihre Knotenstöcke.

Aloysia triphylla

Zitronenverbene

WUCHS strauchartig | **HÖHE** 0,6–1,5 m
BLÜTEZEIT Juni–Juli

An Frische nicht zu überbieten ist das Aroma der Zitronenverbene. Der aus Südamerika stammende Strauch ist in Frankreich als Verveine bekannt. **Duft** Die Blätter verströmen beim Reiben ein intensives, zitroniges Aroma und behalten es nach dem Trocknen lange Zeit. **Aussehen** Schmale, etwas harte Blätter, holziger Stamm. **Standort/Pflege** Braucht einen sonnigen Platz und nahrhafte Erde. Regelmäßig gießen. Kühl und frostfrei überwintern. Im Winter nicht gießen, sie verliert das Laub. **Schnitt** Im Frühling vor dem Umzug nach draußen auf ein Drittel zurückschneiden. **Verwendung** Blätter frisch für Tee, für Fruchtbowlen, Desserts oder zu Fisch verwenden. Getrocknet für Duftsäckchen für den Wäscheschrank.

Choisya ternata

Orangenblume

WUCHS immergrüner Strauch
HÖHE 0,8–1,5 m | **BLÜTEZEIT** April–Mai

Wer dem Aroma von Zitrusblüten verfallen ist, wird auch die Orangenblume mögen. Der aus Gebirgsgegenden Mexikos stammende Strauch ist recht unkompliziert und pflegeleicht und macht im Terrassenkübel eine gute Figur. **Duft** Die Blüten riechen original nach Zitrusblüten, die Blätter haben ein frisches zitroniges Aroma. **Aussehen** Immergrüne, gesunde Blätter, die gleichmäßig angeordnet sind, weiße, sternförmige Blüten in Büscheln. **Standort/Pflege** Die Pflanze braucht einen geschützten Platz auf dem Balkon in der Sonne oder im Halbschatten; normale Pflanzerde. Gleichmäßig wässern, sie verträgt keine Staunässe. Die Orangenblume in milden Gegenden draußen mit einer Abdeckung überwintern, sonst hell und kühl bei 5–8 °C im Haus.

Sonne | Halbschatten | Schatten | Blütendufter | Blattdufter

Citrus limon

Zitronenbaum

WUCHS Strauch oder kleiner Baum
HÖHE 1–3 m | **BLÜTEZEIT** ganzjährig

Als sei aus Sonnenstrahlen Duft geworden, so erscheint das konzentrierte Parfum der Zitrusblüten. **Duft** Blüten intensiv, blumig, Blätter frisch-aromatisch, Fruchtschale zitronig. **Aussehen** Blüten weiß, Früchte gelb, Blätter immergrün, glänzend. **Standort/Pflege** Sonniger, geschützter Standort. Spezielle Zitruserde verwenden. Im März Langzeitdünger geben. Mit kalkarmem Wasser gießen. Verträgt keine Staunässe, eher trocken halten. Um die Blüte anzuregen, vier bis sechs Wochen sehr wenig gießen. Überwinterung → Seite 23. **Schnitt** Kaum schneiden. Nur lange, überhängende Triebe kappen, Wildtriebe entfernen. **Besonderheiten** Zur Familie gehört auch die Bergamotte, *Citrus bergamia*. Aus der Blüte wird Neroli, aus der Fruchtschale Bergamottöl gewonnen.

Wisteria sinensis

Glyzine

WUCHS Kletterpflanze | **HÖHE** 6–15 m | **BLÜTEZEIT** April–Mai

Der Schlinger mit dem zarten Frühlingsduft begrünt Balkon und Häuserfassaden im Nu. **Duft** Angenehm süß, nach Vanille. **Aussehen** Violette, rosa oder weiße Blütentrauben vor dem Laubaustrieb, schlingende Ranken. **Standort/Pflege** Direkt in die Erde oder in Kübel pflanzen. An Drahtseilen hochleiten. Damit der Draht nicht einwächst, Haupttrieb nach einem Jahr lösen, parallel zum Draht führen und daran befestigen. **Schnitt** Nur einen senkrechten Haupttrieb und wenige waagerechte Triebe lassen, jährlich die Spitze des Haupttriebs kappen. Seitentriebe im Sommer auf 20 cm, im Winter auf drei bis vier Augen zurückschneiden. **Besonderheiten** Damit sie schon jung blühen, nur veredelte Pflanzen setzen.

Agastache spec.

Agastachen

WUCHS aufrecht | **HÖHE** 40–100 cm | **BLÜTEZEIT** je nach Art Mai–Oktober

Der Lippenblütler aus Amerika und Ostasien lässt hiesige Duftpflanzenfans aufhorchen. Seine attraktiven Blütenkerzen, das kräftige Aroma seiner Blätter und die Verwendung als Tee- und Würzkraut machen die Agastache zum Tausendsassa unter den Duftpflanzen. Pflanzt man verschiedene Arten an, kann man das Blühwunder von Mai bis Oktober genießen und zahlreiche Schmetterlinge anlocken.

Duft Das Aroma der Agastachen entfaltet sich beim Reiben der Blätter. Manchmal verdunstet es auch in der Wärme. Anisysop (*A. anisata* → Abb.) duftet intensiv nach Lakritze und hat wie die meisten Agastachen einen leicht harzigen Unterton. Die lila Blütenkerzen erscheinen von Juni bis Oktober. Lavendel-Agastache *(A. astromontanum)* blüht von Juni bis September mit kleineren, violetten Blüten. Blatt und Blüten entströmt ein feines, fruchtiges Lavendelaroma. Die Frühblühende Agastache *(A. occidentalis)* blüht schon ab Mai, bei Rückschnitt der Blüten noch einmal im Herbst. Ihre dunkelgrünen, glänzenden Blätter enthalten ein würzig-herbes Minzearoma. Die orangefarbene Agastache *(A. aurantiaca)* mit großen Blüten und ausladendem Wuchs duftet fruchtig und minzig. Sie ist allerdings nicht frosthart. Die Koreanische Minze *(A. rugosa)* sieht dem Anisysop ähnlich, verströmt aber Minzearoma.

Aussehen Blütenkerzen in dichten Quirlen, weiß, rosa, purpurn, blau, violett; nesselähnliche Blätter.

Standort/Pflege Agastachen brauchen einen ausreichend großen Kübel. Sie sind anspruchslos und mit trockenem, magerem Boden zufrieden. Wichtig ist eine Dränageschicht, denn sie mögen keine Staunässe. Aussaat ab April oder vorgezogene Pflanzen kaufen. Rückschnitt der verblühten Stängel bringt eine zweite Blüte. Agastachen säen sich oft selbst aus. Die meisten Arten sind an unser Klima gewöhnt, sollten aber im Winter nicht zu nass stehen.

Verwendung Agastachen behalten ihr Aroma lange nach dem Trocknen und eignen sich hervorragend für Potpourris, Duftsäckchen und Duftsträuße. Ganze Stängel als Strauß bündeln und zum Trocknen schattig und luftig aufhängen. Einzelne Blüten auf Küchenkrepp ausbreiten. Blüten und Blätter frisch verwenden für Obstsalate und Salate. Frisch überbrüht geben sie einen leicht süßen, aromatischen Sommertee. Die nordamerikanischen Indianer verwenden Agastachen als Heilpflanzen bei Erkältung und Husten.

Helichrysum italicum

Currykraut

WUCHS Halbstrauch | **HÖHE** 30–50 cm | **BLÜTEZEIT** Juni–Juli

Currykraut verleiht jeder Duftkomposition eine warme, weiche Basisnote. **Duft** Die Blätter verströmen bei Berührung intensives Curryaroma. Bei bedecktem, regnerischem Wetter nimmt der Duft noch zu. Die Blüten duften süß nach Tannenhonig. **Aussehen** Schmale, silbriggrüne Blätter. Die gelben Blüten erinnern an Strohblumen. **Standort/Pflege** Currykraut liebt sandige, durchlässige Erde, die Kalk enthält. In milden Gegenden im Winter abdecken und trocken halten, sonst im Haus frostfrei überwintern. **Schnitt** Im Sommer die verblühten Stängel entfernen und den Strauch in Form schneiden. **Besonderheiten** Triebe und Blütenstängel eignen sich gut für frische oder getrocknete Duftsträuße. Mit den Blättern kann man asiatische Speisen würzen.

Plectranthus coleoides

Weihrauchpflanze

WUCHS bis 150 cm lange Ranken **HÖHE** 30 cm | **BLÜTEZEIT** November

Die attraktive Balkonpflanze, die übrigens nicht mit dem arabischen Weihrauchstrauch *(Boswellia sacra)* verwandt ist, eignet sich für Ampeln und Balkonkästen. Ihr herb-rauchiges Aroma gibt Duftpflanzen-Kompositionen einen interessanten Unterton. **Duft** Die Blätter duften stark holzig nach Weihrauch. **Aussehen** Lange, herabhängende Zweige, gesunde, runde Blätter mit weißem Rand, die mit Drüsenhaaren besetzt sind. Weiße Blüten. **Standort/Pflege** *Plectranthus* ist pflegeleicht, trockenverträglich und robust. Ein heller Standort und normale Erde reichen aus. Im Haus bei 5–10 °C überwintern. Eignet sich auch als Zimmerpflanze. **Besonderheiten** Die Pflanze ist als Mottenkönig bekannt. Der starke Weihrauchduft in den Blättern hilft, Insekten abzuwehren.

Dianthus spec.

Nelken

WUCHS niedrig, polsterbildend | HÖHE 15–30 cm | BLÜTEZEIT je nach Art Mai–Juli

Die einfachen, niedrigen Duftnelken sind wie geschaffen für sonnige, exponierte Terrassen und Balkone. Im Frühsommer verströmen die Blüten den typischen intensiven Nelkenduft, und für den Rest des Jahres schmiegen sich ihre silbergrünen Laubpolster an Steinplatten oder Mauerkronen oder hängen sanft über eine Balustrade herab.

Duft Nelkenaroma in Reinform garantiert die Federnelke (*Dianthus plumarius* → Abb.), die ursprünglich in den Gebirgen Mitteleuropas heimisch ist. Die Sorte 'Duftwolke' mit den rosafarbenen, gefüllten Blüten duftet herb-blumig nach Gewürznelken, ein Parfum, das mich an alte spanische Städte und darin flanierende Señoras erinnert. Die Pfingstnelke *(D. gratianopolitanus)* sieht ihr sehr ähnlich und duftet ebenso intensiv. Sie bleibt niedriger im Wuchs und bildet duftende, dichte Polster. Die Anatolische Nelke *(D. anatolicus)* hat ausgefranste, weiß-rosa Blüten mit einem roten Kranz. Ihr Nelkenaroma fällt etwas dezenter aus. Feinen Nelkenduft am Abend verspricht die Nachtduft-Nelke (*D. strictus* var. *bebius*) mit den weißen, geschlitzten Blüten, die in der Dunkelheit leuchten.

Aussehen Gefüllte, ungefüllte, geschlitzte oder ausgefranste Blüten in Hell- oder Dunkelrosa, Pink, Weiß oder mit purpurnem Auge. Schmales, hellgrünes oder graugrünes, spitz zulaufendes Laub, immergrüne Polster bildend. Flach wachsende Wurzeln.

Standort/Pflege Nelken sind sonnenliebende Steingartenpflanzen. Sie sind anspruchslos und mögen durchlässige, mineralische Erde. Nelkensamen ab April in den Kasten säen oder Pflanzen aus der Gärtnerei besorgen. Eine Mulchschicht aus hellem Sand oder Kies schafft ein steiniges Milieu. Nach der Blüte die Stängel abschneiden. Das fördert die Polsterbildung und bewirkt manchmal eine zweite Blüte. Nelken verbreiten sich nicht nur durch Ausläufer, sondern versamen sich auch leicht. Wenn verschiedene Sorten nebeneinanderstehen, kreuzen sie sich leicht miteinander.

Besonderheiten Nelken brauchen nur wenig Wurzelraum. Um Pflasterfugen zu bepflanzen, entfernt man mit einer Spitzkelle Sand und Mörtel aus dem Zwischenraum. Vom Wurzelballen der Pflanze so viel Erde abstreifen, bis er in die Fuge passt. Den Ballen hineinsetzen, und die restliche Erde in den Spalt füllen. Gut angießen, damit die Erde zwischen die Wurzeln geschwemmt wird.

Sonne | Halbschatten | Schatten | Blütendufter | Blattdufter

Mentha spec.

Minzen

WUCHS buschig | **HÖHE** je nach Art 20–50 cm
BLÜTEZEIT Juli–September

Minzen sind immer für eine Überraschung gut. Ob ihre Blätter nach Ananas, Schokolade, Spearmint oder Kölnisch Wasser riechen, beim Reiben verströmen sie stets einen frischen, leicht kühlenden Duft. Wer die vielen Minzen unterscheiden will, wird bald verwirrt sein. Denn die Minzen kreuzen sich ziellos untereinander, sodass ständig neue Varietäten entstehen. Zum besseren Überblick unterscheidet man zwischen mentholhaltigen und fruchtigen Minzen.

Duft Unter den *Mentha* x *piperita-citrata*-Hybriden findet man intensiv-fruchtige Aromen, wie die Orangenminze, die nach Mandarinen und Bergamotte duftet. Ähnlich fruchtig ist auch die Limonenminze. Die Eau-de-Cologne-Minze riecht tatsächlich nach 4711. Mit Schwarztee gemischt, erinnert sie an Earl Grey. Fruchtige Minzen sind auch die Apfelminze *(M.* x *rotundifolia)* mit den weichen, rundlichen Blättern und die weiß-grüne Ananasminze (*M. suaveolens variegata* → Abb.). Die Apothekerminze (*M.* x *piperita* 'Mitcham') oder die robuste Thüringer Minze (*Mentha* x *piperita* 'Multimentha') sind klassische Menthol-Minzen. Ihr Aroma ist scharf und kühlend. Die Marokkanische und die Türkische Minze (auch Nanaminze, beide *M. spicata crispa*) enthalten zusätzlich eine würzige Note. Wer »After Eight« liebt, kommt an der Schokominze (*M.* x *piperita* 'Chocolate') nicht vorbei. Die leicht giftige Poleiminze *(M. pulegium)* vertreibt mit ihrem strengen, balsamischen Geruch Insekten.

Aussehen Blattstängel mit ovalen, manchmal dunkelgrünen, glänzenden, behaarten oder krausen Blättern. Stängel und Blattadern sind bei manchen Arten rötlich überlaufen. Helllila Lippenblüten.

Standort/Pflege Minzen brauchen gute Humuserde und Feuchtigkeit. Sie gedeihen auch im Schatten. Minzen suchen sich durch Wurzelausläufer den Platz, wo sie wachsen wollen, was in einem kleinen Topf schwierig ist. Deshalb alle zwei bis drei Jahre in ein neues Gefäß mit frischer Erde pflanzen. Zur Ernte ganze Stiele schneiden. Mit Rost befallene Minzen komplett abschneiden, die Pflanze treibt neu aus. Für Ableger schneidet man ein Stück vom Wurzelausläufer ab und topft es neu ein.

Verwendung Minzenblätter sind unverzichtbar – sei es zu Erdbeeren, Obstsalaten, Desserts, Fruchtbowlen, Tees, Cocktails oder zu nordafrikanischen und englischen Gerichten mit Lamm. Getrocknet auch für Potpourris und Duftkissen zu verwenden.

Lavandula spec.

Lavendel

WUCHS Halbstrauch | HÖHE 30–80 cm | BLÜTEZEIT Juni–Juli

Die wohl berühmteste Duftpflanze ist der Lavendel. Seine Duftspur führt zurück bis in die Antike, wo das Kraut als Duft- und Heilpflanze verehrt wurde. Die Römer, als versierte Wellness-Experten, verwendeten Lavendelöl als Badezusatz und gaben der Pflanze ihren Namen: von *lavare* (waschen). In den Klostergärten durfte Lavendel nicht fehlen. Durch seine desinfizierende, nervenstärkende und beruhigende Wirkung galt er als wertvolle Medizin. Heute hat Lavendel von diesen Eigenschaften nichts eingebüßt und ist gefragter denn je. Er bringt mediterranes Flair auf jede Sonnenterrasse. Wenn man zur Blütezeit den frisch-würzigen Duft einatmet, fühlt man sich an den Urlaub im Süden erinnert. Die Aromen wirken entspannend und erholsam und lassen den Alltagsstress vergessen.

Duft Schmalblättriger oder echter Lavendel (*Lavandula angustifolia* → Abb. links) verströmt das typische Lavendelaroma. Sorten wie 'Luberon', benannt nach dem Gebirgszug in der Provence, oder 'Hidcote Blue' mit einer besonders dunkellila Färbung sind Züchtungen mit demselben Aroma. Speik-Lavendel *(L. latifolia)* hat etwas breitere Blätter. Die Blüten wachsen an bis 80 cm hohen, verzweigten Stängeln und blühen erst im Spätsommer. Sein Aroma ist sehr intensiv. Diese beiden wild vorkommenden Arten wurden miteinander gekreuzt, woraus der Provence-Lavendel (*L.* x *intermedia*) eine Hybride, entstand. Er wird in der Provence zur Gewinnung des ätherischen Öls Lavandin kultiviert. Sein Markenzeichen sind der gleichmäßige Wuchs und tiefdunkel gefärbte Blüten. Er enthält mehr ätherisches Öl, duftet intensiver und ist aufgrund seiner langen, geraden Triebe für Trockensträuße bestens geeignet. Etwas unbekannter ist der Schopflavendel *(L. stoechas)*. Bei ihm sucht man vergeblich die frische Lavendelbrise, seine Blüten verströmen einen süßen Honig-Duft. Die in Spanien und Portugal wild vorkommende Art ist etwas kleiner und besitzt schopfartige Blüten. Schopflavendel muss im Haus überwintert werden.

Aussehen Immergrüne, graugrüne, schmale Blätter, je nach Art schmal oder etwas breiter. Die Stängel sind gerade oder leicht verzweigt und verholzen im Lauf der Jahre. Blau-violette Blütenähren, beim Schopflavendel blaulila Blütenschöpfe.

Standort/Pflege Lavendel braucht einen sonnigen, warmen Platz und will kalkhaltigen, durchläs-

DUFT AUS DER PROVENCE *Lavandula* x *intermedia* hat dunkelblaue Blüten und ist besonders reich an dem ätherischen Öl Lavandin.

INDIVIDUALIST Mit seinem Wuchs passt Schopflavendel so gar nicht in die Lavendelfamilie. Zudem duftet er nach Honig mit etwas Rosmarin.

sigen Boden. Mischen Sie, wenn möglich, etwas sandige Gartenerde unter das Substrat und sorgen Sie mithilfe von Blähton für einen guten Wasserabzug. Geben Sie dem Lavendelstock ausreichenden Platz im Kübel und mindestens 40 cm Pflanzabstand, wenn Sie einen Kasten bepflanzen. Alle fünf bis sechs Jahre umtopfen und dabei die Erde erneuern. Lavendel will trocken stehen. Gießen Sie sparsam und lassen Sie die Erde gut abtrocknen. Ein Trick, um möglichst viele Blüten anzuregen, ist eine Abdeckung der umgebenden Erde mit hellem Sand oder Kies. Damit schafft man nicht nur das passende Kleinklima, es sieht auch hübsch aus.

Schnitt Im ersten Jahr der Pflanzung alle Blütentriebe vor der Blüte abschneiden, damit der Lavendelstock Kraft gewinnt. Das kostet etwas Überwindung, aber die Pflanze wird sich dadurch zu einem kompakten Busch entwickeln und im nächsten Jahr umso freudiger blühen. Für den ausgewachsenen Lavendelstock gilt: Schneiden Sie ihn zweimal, zunächst im Frühjahr vor dem Austrieb. Hierbei stutzt man die Stängel eine Handbreit über dem Boden, oberhalb der neuen Blattknospen. Der zweite Schnitt erfolgt im Juli, wenn man die Blütentriebe erntet. Dabei bringt man den Lavendel in die gewünschte Kissenform. Wer mehrere Jahre vergessen hat, den Lavendel zu schneiden, kann dem Stock mit einem Verjüngungsschnitt unten am Stamm im Frühjahr neues Leben einhauchen.

Verwendung Man erntet Lavendel, wenn sich die ersten Blüten öffnen. Bündeln Sie die Stiele zu einem Strauß und hängen ihn kopfüber an einem schattigen, luftigen Ort auf. Getrocknete Blüten für Duftkissen, Potpourris oder zum Räuchern verwenden. Im Wäscheschrank sorgt Lavendel für feinen Duft und vertreibt Motten. Ein Schlafkissen aus Lavendel und Rosen hilft beim Einschlafen. Als Badezusatz füllt man Lavendelblüten in ein Säckchen und lässt das Wasser darüberlaufen, mit ein paar Tropfen Lavendelöl kann man das Aroma verstärken.

Paeonia lactiflora

Pfingstrose

☼ ✿ ❄

WUCHS buschig | **HÖHE** 60–80 cm
BLÜTEZEIT Mai

Welch verschwenderische Blütenpracht – und leider von so kurzer Dauer! Die Edelpfingstrose stammt ursprünglich aus China und ist bei uns längst etabliert. Ein Besuch in der Gärtnerei zur Blütezeit lohnt sich. Denn hier kann man die vielen Sorten bestaunen und die verführerischen Duftnoten erschnuppern. Es ist vielleicht nicht so bekannt, dass man Pfingstrosen auch im Terrassenkübel ziehen kann, wenn man ihnen die richtige Pflege gibt.

Duft Die Edelpfingstrosen duften meist mild-zitronig oder stark nach Rosen. Eine alte Sorte ist 'La Perle' (→ Abb.) mit sehr schönen gefüllten, rosa Blüten, die wunderbar nach Rosen duften. Die Bauernpfingstrose *(Paeonia officinalis)* mit den ungefüllt en, roten Blüten stammt aus Südeuropa und Kleinasien. Sie duftet eher zart. Auch unter den asiatischen Strauchpfingstrosen *(Paeonia rockii)* mit suppenschalengroßen Blüten gibt es duftende Sorten.

Aussehen Ausladende Blätter, die im Herbst abwelken. Neuaustrieb jedes Frühjahr aus den rübenförmigen Wurzeln. Es gibt ungefüllte und gefüllte Sorten mit weißen, rosafarbenen, roten, zartgelben Blüten. Die ungefüllten sind schalenförmig mit leuchtend gelben Staubgefäßen, die gefüllten sind kugelförmig, dicht gepackt mit Blütenblättern.

Standort/Pflege Pfingstrosen brauchen einen sonnigen, luftigen Standort und ein Gefäß mit mindestens 50 cm Durchmesser. Sparen Sie nicht an der Erde, denn Pfingstrosen brauchen einen nahrhaften, durchlässigen Boden, der nicht verdichtet. Sie können Pfingstrosen als Wurzelstücke oder Containerpflanze kaufen. Die Wurzelknollen sollten mindestens drei bis fünf Knospen aufweisen. Pflanzzeit ist der Herbst. Man setzt die Wurzelstücke nur so tief, dass sie mit ca. 3–5 cm Erde bedeckt sind. Container-Pflanzen sind von März bis September erhältlich und können direkt gepflanzt werden. Jedes Frühjahr frischen Kompost aufbringen. Alle drei bis vier Jahre aus dem Kübel nehmen und in frische Erde setzen. Dabei kann man die Wurzeln teilen. Beste Zeit hierfür ist August bis Oktober. In warmfeuchtem Klima kann Grauschimmel auftreten, die Stängel bekommen braune Flecken, die Pflanze welkt. Ein bodentiefer Rückschnitt rettet die Pflanze.

Verwendung Die Blüten sind essbar und setzen farbige Akzente im Salat oder im Dessert. Sie können sie auch zum Trocknen auf Küchenkrepp auslegen und für Potpourris verwenden.

Salvia spec.

Salbei

WUCHS buschig | **HÖHE** 50–100 cm | **BLÜTEZEIT** je nach Art Mai–Oktober

»Gestatten: *Salvia*« – unter diesem Namen versammelt sich eine beeindruckende Pflanzengattung mit weltweit mehr als 800 verschiedenen Arten. Ein besonders aromatisches Exemplar ist der Ananassalbei, der im Laufe eines Sommers zu einem duftigen Busch heranwächst. Alle Salbeiarten sind attraktive Kübelpflanzen, die gut auf den Südbalkon oder die Terrasse in voller Sonne passen.

Duft Salbeipflanzen besitzen reichlich ätherische Öle und sind ausgesprochene Kontaktdufter. Ananassalbei *(Salvia rutilans)* duftet beim Berühren intensivfruchtig nach frischer Ananas. Die feuerroten Blüten erscheinen erst im Herbst. Ein enger Verwandter ist der Honigmelonensalbei *(Salvia elegans)* mit intensivem Fruchtaroma. Pfirsichsalbei *(S. gregii)* mit orangen, roten, rosa oder lachsfarbenen Blüten duftet zauberhaft nach reifem Pfirsich. Seine Blüten zieren den Balkonkasten einen Sommer lang. Der bekannteste Salbei stammt aus dem Mittelmeerraum: *S. officinalis* mit dem typischen, herb-würzigen Aroma. Es gibt ihn mit attraktiven Blattvarianten: purpurn, weißgrün, gelbgrün oder rund wie vom Dalmatinischen Salbei. Muskatellersalbei (*S. sclarea* → Abb.) stammt aus dem Piemont und wird zweijährig gezogen. Selbst wenn seine Blüten welken, verströmen sie noch das Muskatelleraroma. Zum Räuchern eignet sich der harzige Indianische Räuchersalbei *(S. apiana)*, der allerdings nicht frosthart ist.

Aussehen Die mediterranen Arten wachsen als Halbsträucher, die tropischen Arten buschig mit krautigen Stängeln. Die Blätter sind rau oder behaart, mit Öldrüsen besetzt und manchmal klebrig. Die Blüten sind lila, rot, rosa, lachsfarben.

Standort/Pflege Platzieren Sie Salbei an einem warmen, sonnigen, geschützten Ort. Mediterrane Arten eher in sandig-arme Erde setzen; wenig gießen. Ananas- und Honigmelonensalbei brauchen mehr Wasser und fette Erde. Vor dem Frost ins Haus nehmen, kühl und hell überwintern.

Schnitt Salbeisträucher regelmäßig schneiden, damit sie nicht verkahlen.

Verwendung Frischer Ananassalbei aromatisiert Tees und Sommerbowlen. Mediterraner Salbei hilft bei Halsweh und Erkältung. Salbei ist in der italienischen Küche beliebt zu Tomatensaucen, Fisch und Fleisch. Mein Tipp für Saltimbocca: kleine Kalbsschnitzel mit Parmaschinken und Dalmatinischem Salbei belegen und anbraten.

Pelargonium spec.

Duftpelargonien

WUCHS hängend oder buschig | **HÖHE** bis 50 cm | **BLÜTEZEIT** Juni–Oktober

Es müssen nicht immer Geranien sein! Pelargonien sind eine wohlriechende Alternative zu unserem verbreiteten Balkonklassiker. Statt eines überquellenden Flors von Mai bis zum Frost verzaubern Duftpelargonien allerdings durch ihre zarten, anmutigen Blüten. Breit gefächerte Duftnuancen von Rose über Zitrone bis zu Fichtennadeln bieten für Nasenmenschen spannende Erlebnisse. Im 17. Jahrhundert wurde die Wildform der Pelargonie, wie die Geranie eigentlich richtig heißt, aus Südafrika importiert. Ihre Dufteigenschaften begeisterten die Botaniker, und so wurde sie weitergezüchtet. Heute kennen wir weit über 200 Arten. Wenn sie frostfrei überwintert werden, sind Duftpelargonien langjährige, robuste Begleiter, selbst auf einem sonnenexponierten, mediterranen Südbalkon.

Duft Duftpelargonien sind typische Kontaktdufter, ihr Aroma wird erst durch das Zerreiben der Blätter freigesetzt. Die Apfelduftgeranie *(P. odoratissimum)* riecht nach reifen Äpfeln und Cidre. Mit ihren zartweißen Blüten und langen Trieben ist sie auch für Ampeln geeignet. Die Rosengeranie (*P. capitatum* 'Attar of Roses') ist berühmt für ihren Rosenduft. Wegen ihres wertvollen ätherischen Öls Geraniol wird sie zur Parfümherstellung verwendet. Geraniumöl ersetzt auch das sehr viel teurere echte Rosenöl. *P. graveolens* 'Lemon Rose' (→ Abb. links) duftet würzig nach Rosen. Die Fichtennadel-Pelargonie *(P. fragrans)* verströmt einen harzigen, kampferartigen Geruch, mit dem man auch Insekten vertreiben kann. Die Eichenlaub-Pelargonie *(P. quercifolium)* wiederum ist wegen ihrer kräftigen Blätter und ihrer schönen, rosafarbenen Blüten sehr beliebt. Sie duftet herb-würzig. Wer auf frischen Zitronenduft steht, wählt dagegen die Zitronengeranien (*P. crispum* oder *P. graveolens*) mit ihrem intensiven Aroma. Letztere ist eine sehr wüchsige, attraktive Kübelpflanze und kann auch gut im Zimmer gezogen werden. Die Pfefferminzpelargonie *(P. tomentosum)* duftet stark nach Minze und hat samtige, behaarte Blätter. Außerdem ist sie eine der wenigen Pelargonien, die auch im Schatten gedeiht. Wer einmal auf den Geschmack gekommen ist, für den gibt es kein Halten mehr: Wie wäre es mit Pfirsichpelargonien, Schokogeranien, Ingwerduft-, Muskat-, Möhrenduft- oder Orangenduftpelargonien? Sie sehen: Bei Duftpelargonien bleiben kaum Wünsche offen.

Sonne | Halbschatten | Schatten | Blütendufter | Blattdufter

VERLOCKEND An der Apfelduftgeranie zu riechen ist ein Genuss. Ihre Blätter sind essbar und können für Kuchen oder Desserts verwendet werden.

KAROTTE ODER PELARGONIE? Die Karottenpelargonie (*P.* x *unique* 'Scarlet Unique') hat für das Auge und auch für die Nase etwas zu bieten.

Aussehen Je nach Art hell-, dunkel- oder graugrüne Blätter, die gelappt, rund, filigran oder kraus sein können, samtig oder behaart. Manche Arten wachsen buschig, andere überhängend. Der untere Teil der Stängel kann verholzen. Die Blüten sind im Vergleich zur Balkongeranie klein und in obere und untere Blütenblätter geteilt. Die Farbtöne reichen von Weiß, Rosa und Purpur bis Violett.

Standort/Pflege Pelargonien brauchen einen warmen, geschützten Standort und durchlässige, nahrhafte, kalkhaltige Erde. Ab Mitte Mai nach draußen stellen. Organischen Langzeitdünger zugeben und regelmäßig gießen. Bei ausreichender Sonne gedeihen sie problemlos und gesund. Verblühte Stängel und lange Triebe während des Sommers abschneiden, dann bleibt die Pelargonie in Form. Stecklinge in einem Glas Wasser bewurzeln sich schnell. Vor dem Frost ins Haus stellen und kühl und hell bei 5–8 °C überwintern. Dabei nahezu trocken halten. Die Pelargonie verliert dann ihre Blätter. Im Frühjahr schneidet man die Triebe um die Hälfte zurück und beginnt erst langsam wieder mit dem Gießen. An einem warmen, sonnigen Fensterplatz ohne Heizungsluft kommt sie auch mit Blättern über den Winter.

Besonderheiten Die ätherischen Öle in den Blättern schrecken Schädlinge ab. Als Insektenabwehr wurden daher Pelargonien schon seit Jahrhunderten an Bauernhäusern vor das Fenster gepflanzt.

Verwendung Die essbaren Blüten und Blätter – insbesondere der Apfelduftpelargonie – können in der Küche als Gewürz für Süßspeisen, Konfitüren und Gelees verwendet werden. Getrocknete Pelargonienblätter bewahren lange Zeit den Duft und eignen sich für Potpourris und Duftsäckchen. Ab Juni die reifen Blätter zum Trocknen auf Küchenkrepp ausbreiten. Für Duftsäckchen Rosenpelargonienblätter mit Lavendelblüten mischen und als Einschlafhilfe neben das Kopfkissen legen, bei Berührung wird der Duft frei.

Cosmos atrosanguineus

Schokoladen-Kosmee

WUCHS aufrecht, verzweigt | **HÖHE** 60 cm | **BLÜTEZEIT** Juli–Oktober

Diese aus Mexiko stammende Blume ist eine Überraschung für alle Schokoladenfans. **Duft** Wunderbarer Duft nach Zartbitter- oder Vollmilchschokolade, besonders an warmen Vormittagsstunden. **Aussehen** Locker verzweigte Stiele mit tief dunkelroten Blüten. Fleischige Wurzelknollen, aus denen die Pflanze jedes Frühjahr neu austreibt. **Standort/Pflege** Pflanze aus der Gärtnerei besorgen. Braucht gute Pflanzenerde, einen warmen Standort und mäßig Feuchtigkeit. Den Topf kühl und frostfrei überwintern, ab Spätherbst nicht mehr gießen, Laub einziehen lassen. Man kann die Knollen auch ausgraben und im Keller überwintern. Im Frühjahr neu einpflanzen. **Verwendung** Schokoladen-Kosmeen sind gute Schnittblumen. Durch den Schnitt wird außerdem die Blüte angeregt.

Rosmarinus officinalis

Rosmarin

WUCHS Kleinstrauch | **HÖHE** 50–120 cm
BLÜTEZEIT je nach Standort Februar–Mai

Rosmarin stammt aus den sonnigen Gebirgen des Mittelmeerraums. Sein Aroma macht frisch und klar im Kopf. **Duft** Blätter beim Verreiben stark aromatisch-frisch mit Kampferanteil. **Aussehen** Immergrüne, nadelförmige Blätter, hellblaue oder weiße Blüten. **Standort/Pflege** Rosmarin braucht volle Sonne und durchlässige, mineralische Erde. Im Winter unbedingt vor Sonne schützen und nicht zu trocken, aber auch nicht zu feucht halten. Man kann ihn auch kühl und hell bei 5–8 °C im Haus überwintern. **Schnitt** Triebe im Frühjahr ungefähr um ein Drittel einkürzen. **Verwendung** Rosmarin stärkt Herz und Kreislauf. Die Klostergemeinschaften schwörten auf Rosmarinwein: drei Zweige drei bis fünf Tage in Weißwein einlegen.

Sonne | Halbschatten | Schatten | Blütendufter | Blattdufter

Thymus spec.

Thymian

WUCHS buschig oder kriechend | HÖHE 10–25 cm | BLÜTEZEIT Juni

Wer das Aroma des Mittelmeers sucht und eine sonnige Terrasse besitzt, ist beim Thymian richtig. **Duft** Orangenthymian (*Thymus fragantissimus* → Abb.) riecht intensivfruchtig nach Orangen. Zitronenthymian (*Thymus* x *citriodorus*) verströmt Zitronenaroma. Der Echte Thymian *(Thymus vulgaris)* besitzt ein harzig-balsamisches Aroma. Sandthymian *(Thymus serpyllum)* duftet aromatisch-erdig. **Aussehen** Kleine grüne oder weiß-grüne Blätter, kompakter Wuchs, polsterbildend oder flächig. Purpurne oder weiße Blüten, verholzende Stängel. **Standort/Pflege** Pflanzen Sie Thymian in sandige, durchlässige Erde. Im Winter trocken halten. **Verwendung** Thymian hilft bei Erkältung, würzt mediterrane Speisen und eignet sich für Duftsäckchen und Potpourris.

Convallaria majalis

Maiglöckchen

WUCHS aufrecht | HÖHE 20 cm BLÜTEZEIT Mai

An Maiglöckchen riechen und den Frühling spüren! Ihr Duft ist verführerisch. Kein Wunder, dass er in vielen klassischen Parfums enthalten ist. **Duft** Klarer, intensiver, angenehmer Blütenduft. **Aussehen** Wurzelstock mit verdickten Rhizomen, die Ausläufer bilden. Weiße Glockenblüten, rote Früchte, Blätter eingerollt austreibend, ziehen im Laufe des Sommers ein. **Standort/Pflege** Gedeiht im Halbschatten und Schatten. In gute Erde pflanzen. Um den Duft schon im Winter zu genießen, kann man sie ab Dezember vortreiben: Wurzeln ausgraben, in einen Topf mit frischer Erde pflanzen und auf die warme Fensterbank stellen. **Besonderheiten** Die gesamte Pflanze ist stark giftig und enthält herzwirksame Glykoside! Nach dem Anfassen Hände waschen!

Ocimum basilicum

Basilikum

WUCHS buschig, verzweigt oder kompakt
HÖHE 30–50 cm | **BLÜTEZEIT** Juli–September

Ohne Basilikum läuft nichts in der italienischen Küche. Das Kraut aus dem Süden verströmt ein derart komplexes Bouquet aus würzig-warmen Aromen, dass man die Nase immer wieder gerne hineinsteckt und noch lieber damit würzt. Testen Sie die zahlreichen Sorten aus der Gärtnerei und erleben Sie ein Fest für Nase und Gaumen!

Duft Das typisch feurig-pfeffrige Aroma mit einem Hauch Nelke findet man beim Genueser Basilikum. Ähnlich duften rotblättrige Sorten oder das kleinblättrige griechische Buschbasilikum. Basilikumduft mit etwas Zimt verströmt das Zimtbasilikum (→ Abb.) aus Mexiko. Thaibasilikum überrascht mit Anisaroma. Der Duft des Tulasi, des heiligen Basilikums aus Indien, ist schwer zu beschreiben: etwas Zitrone, Gewürznelke und eine Prise Pfeffer sind dabei. Zitronenbasilikum duftet zitronig, das Aroma des Basilikums 'African Blue' geht in Richtung Kampfer.

Aussehen Blätter je nach Sorte breit, schmal, leicht behaart, grün oder rot. 'African Blue' hat grüne Blätter mit blau-roten Blattadern, Zimt- und Thaibasilikum rötliche Stängel. Europäische Arten besitzen meist weiße, andere rosa oder lila Blüten. Das rundwüchsige griechische Buschbasilikum hat zierliche Blättchen und bleibt nahezu blütenlos.

Standort/Pflege Säen Sie Basilikum an der warmen Fensterbank ab April aus. Später pikieren und Mitte Mai ins Freie pflanzen. Basilikumtöpfe aus dem Handel sind oft zu dicht bestückt. Teilen Sie den Pflanzenballen vorsichtig und setzen Sie die Pflänzchen einzeln oder in Gruppen zu drei bis vier. Bei 20–25 °C, in nahrhafter, feuchter, aber durchlässiger Erde, legt Basilikum richtig los. Regelmäßig Triebspitzen abzwicken, dann wächst es kompakt.

Basilikum-Pesto

Frisches Basilikum bewahrt mehrere Monate lang sein Aroma, wenn man es in Öl einlegt. Spülen Sie ein Schraubglas mit siedend heißem Wasser aus. Füllen Sie klein gehackte, mit etwas Salz vermengte Basilikumblätter hinein. Mit nativem Olivenöl bis zum Rand aufgießen, fest verschließen und kühl und dunkel stellen. Für das klassische Pesto genovese fügt man Knoblauch, gemörserte Pinienkerne und geriebenen Pecorino hinzu.

Sonne | Halbschatten | Schatten | Blütendufter | Blattdufter

Cephalophora aromatica

Gummibärchenblume®

WUCHS aufrecht | **HÖHE** 40 cm | **BLÜTEZEIT** Juni–Oktober

Ein Aroma wie aus einer frisch geöffneten Haribotüte erfreut die Nase, wenn man die Blütenköpfe verreibt. Die Kräutergärtnerei Syringa hat die Pflanze aus den Trockengebieten Chiles bei uns eingeführt und ihr den geschützten Markennamen gegeben. **Duft** Blüten und Blätter duften fruchtig wie Gummibärchen. **Aussehen** Aufrechter Stängel, schmale Blätter, gelbe Blütenköpfe. **Standort/Pflege** Die Pflanze ist bei uns nicht winterhart und wird jedes Jahr aus Samen gezogen. Aussaat ab März/April bei 15–21 °C; sie keimt in zwei bis drei Wochen. Nach Mitte Mai draußen in einen Kasten pflanzen. Magere Erde, nicht düngen. **Besonderheiten** Die Indianer verwendeten sie zum Färben und als fiebersenkendes Mittel. Getrocknete Blüten in Potpourris mischen.

Hesperis matronalis

Nachtviole

WUCHS aufrecht | **HÖHE** 40–60 cm **BLÜTEZEIT** April–Mai

Die Nachtviole wird ihrem Namen voll und ganz gerecht. Die nostalgische Bauerngartenblume erfüllt die Frühlingsnacht mit süßem Duft. **Duft** Die Blüten duften nachts angenehm süß nach Veilchen. Die Anatolische Nachtviole *(Hesperis kotschyi)*, die etwas kompakter wächst und sehr lange blüht, verströmt ebenfalls einen wunderbaren Veilchenduft. **Aussehen** Kleine, weiße, zartlila oder gescheckte Blüten mit vier Blütenblättern. **Standort/ Pflege** Braucht einen sonnigen bis halbschattigen Platz und feuchte Erde. Aussaat ab April direkt in den Kasten. Keimt schnell. Rückschnitt nach der Blüte bringt einen zweiten Flor. Verbreitet sich leicht durch Samen. **Besonderheiten** Die essbaren Blüten haben ein feines, zartes Aroma und passen zu Süßspeisen oder zu Salat.

Nachtdufter | Frosthart | Im Haus frostfrei überwintern | Giftig

Erysimum cheiri

Goldlack

WUCHS aufrecht | **HÖHE** 30–50 cm | **BLÜTEZEIT** April–Mai

Der Kreuzblütler aus Omas Garten eröffnet das Frühjahr mit einem heiteren Blütenmeer. Es gibt einjährige und zweijährige Sorten. **Duft** Goldlack verströmt süßen Veilchenduft, der sich am Abend verstärkt. **Aussehen** Der einjährige Goldlack ist meist einfarbig gelb oder orange. Der zweijährige besitzt orange-rotbraune Blüten. Typische längliche Samenschoten. **Standort/Pflege** Braucht einen sonnigen Platz und nahrhafte Erde. Aussaat ab März an der Fensterbank oder ab April draußen. Keimt schnell bei 15–20 °C. Einjährige Sorten wie 'Pariser Market' blühen im selben Jahr, zweijährige im Folgejahr. Folgesaaten von April bis Ende Juni bescheren eine Blüte bis Oktober. **Besonderheiten** Nicht jeder Goldlack duftet. Blühende Pflanzen kaufen, um sich selbst zu überzeugen.

Heliotropium arborescens

Heliotrop (Vanilleblume)

WUCHS buschig | **HÖHE** bis 50 cm | **BLÜTEZEIT** Mai–Oktober

Heliotrop ist eine reich blühende Balkonpflanze aus Peru, die den ganzen Sommer lang duftet. **Duft** Starker, blumiger Vanilleduft. Die weiß blühende Sorte 'Alba' riecht besonders intensiv. 'Marine' verzaubert mit tiefblauen Blüten. **Aussehen** Lila, purpurne, weiße oder hellblaue Blüten in dichten Dolden, breite, dunkelgrüne, behaarte Blätter. **Standort/Pflege** Am besten vorgezogene Pflanzen kaufen. Braucht durchlässige Erde und einen wind- und regengeschützten Platz. Reichlich gießen. Heliotrop blüht üppiger, wenn man verblühte Stängel abschneidet. Bei uns wird er meist einjährig gezogen, kann aber auch hell und kühl überwintert werden. Dann wird er bis 1 m groß. **Besonderheiten** Heliotrop dreht seine Blätter mit der Sonne, um das Licht optimal zu nutzen.

Sonne | Halbschatten | Schatten | Blütendufter | Blattdufter

Lathyrus odoratus

Duftwicke

WUCHS Kletterpflanze | **HÖHE** 150–200 cm **BLÜTEZEIT** Juni–September

Mit ihren duftenden, heiteren Blüten wirkt die Duftwicke verspielt, nostalgisch und erinnert an Bauerngärten. **Duft** Süßer, fruchtiger Duft nach Orange, Vanille und Honig, der sich gegen Abend intensiviert. Nicht alle Sorten duften. Auf die Duftangabe auf den Samentütchen achten. **Aussehen** Weiße, rosa, rote, hellgelbe, lila und dunkelviolette Blüten, unscheinbare Blättchen, bildet Ranken. **Standort/Pflege** Ab Februar auf der Fensterbank vorziehen oder im April direkt in den Kasten. Im Sommer gleichmäßig feucht halten und düngen. Braucht eine Kletterhilfe aus Maschendraht oder Schnüren. **Besonderheiten** Es gibt auch niedrig bleibende Sorten, die in Kästen und Ampeln überhängen. Wicken sind tolle Schnittblumen! Ein Strauß kann einen ganzen Raum beduften.

Matthiola incana

Levkoje

WUCHS buschig | **HÖHE** bis 35 cm | **BLÜTEZEIT** je nach Sorte Juni–Oktober

Die nostalgischen Bauerngartenblumen aus dem Mittelmeerraum sind auch wegen ihrer hübschen Blüten so beliebt. Aus dem ätherischen Öl wird in Arabien ein Parfum hergestellt. **Duft** Betörender, aber nicht aufdringlicher, süß-blumiger Duft mit einer Note Gewürznelken; duftet abends und nachts. **Aussehen** Es gibt verschiedene Züchtungen. Je nach Sorte sind die Blüten einfach oder gefüllt, weiß, purpurn, cremefarben, hellgelb, rosa, lila oder mehrfarbig. Blätter graufilzig behaart; die Samen befinden sich in langen Schoten. **Standort/Pflege** Aussaat im Februar an der warmen Fensterbank (Lichtkeimer), oder ab Mai vorgezogene Setzlinge einpflanzen. Geschützter, sonniger Standort, durchlässige Erde. **Besonderheiten** Gut als Schnittblume für die Vase geeignet.

Matthiola longipetala subsp. *bicornis*

Gemshorn (Sommernachtslevkoje)

WUCHS verzweigt | **HÖHE** bis 30 cm
BLÜTEZEIT Juni–September

Tagsüber ist das Gemshorn ein eher unscheinbares Gewächs, nachts jedoch taucht es die Umgebung in eine Duftwolke, die an kostbare Parfums erinnert. **Duft** Stark, süß, nach Vanille und Nelken. Der Duft steigert sich mit zunehmender Dunkelheit. **Aussehen** Weiße, rosa oder zartlila Blüten. Samenschote mit zwei kleinen Hörnern, daher der Name Gemshorn. **Standort/Pflege** Aussaat direkt in den Kasten ab April, in Folgesaaten bis Juni, um die Blütezeit auszudehnen. Gemshorn braucht normale Erde und einen geschützten Standort vor einer Mauer. Sät sich gern selber aus. **Besonderheiten** Das Gemshorn wirkt tagsüber welk und unattraktiv. Am besten pflanzt man es mit anderen Balkonblumen zusammen, die es kaschieren.

Nicotiana alata

Bauerntabak (Flügeltabak)

WUCHS aufrecht | **HÖHE** 90 cm
BLÜTEZEIT Juni–September

Ein duftender Begleiter für laue Sommerabende ist der Flügeltabak. Das Nachtschattengewächs aus den Subtropen Amerikas mit den leuchtend weißen Blüten und dem intensiven, blumigen Duft kann eine ganze Abendgesellschaft berauschen. **Duft** Schwerer, jasminartiger Duft vom Abend bis zum nächsten Morgen. **Aussehen** Weiße Blüten mit langem Kelch, die in lockeren Rispen stehen, tagsüber schlaff herabhängend, nachts geöffnet. **Standort/Pflege** Mag einen sonnigen Standort und nahrhafte Erde. Aussaat ab April, erst nach dem Frost ins Freie verpflanzen. Sät sich später von selber aus. **Besonderheiten** Wenn sich die Duftwolke der Blüten ausbreitet, flattern manchmal Nachtfalter herbei, die mit ihrem langen Rüssel in den schmalen Blütenkelchen Nektar trinken.

Sonne | Halbschatten | Schatten | Blütendufter | Blattdufter

Oenothera odorata

Duftnachtkerze

WUCHS aufrecht | **HÖHE** 60 cm
BLÜTEZEIT Juni– September

Die Duftnachtkerze ist für Abendstunden auf dem Balkon wie geschaffen. Ihr Parfum entfaltet sich mit der Dämmerung, wenn sich die Blüten im Zeitraffertempo öffnen und wie Kerzen leuchten. **Duft** Blüten duften süß und blumig. **Aussehen** Im ersten Jahr Blattrosette, im zweiten Jahr Trieb mit vielen Knospen und gelben Blüten. Jeden Abend öffnen sich neue Blüten, sie welken am folgenden Tag. **Standort/Pflege** Die Duftnachtkerze ist mit magerer Erde zufrieden. Bei Aussaat im April blüht sie im Folgejahr. Sät sich selber aus. Man kann auch die reifen Samenkapseln zerdrücken und den Samen verstreuen. **Besonderheiten** Die Blüten öffnen sich in der Dämmerung immer zur selben Uhrzeit im Zeitraffertempo. Ein Naturschauspiel, das jeden Betrachter fasziniert.

Zaluzianskya capensis

Sternbalsam (Nachtphlox)

WUCHS buschig | **HÖHE** 30 cm
BLÜTEZEIT Juni–September

Ein einziges Exemplar der kleinen Pflanze aus Südafrika genügt, um Terrasse oder Balkon mit einer außergewöhnlichen Duftnote zu überziehen. **Duft** Kräftiger, reiner Duft nach Amaretto und Marzipan. **Aussehen** Zierliche, weiße Blüten, tags geschlossen, öffnen sich, wenn es dunkel wird. Knospen und Blütenunterseite rot. **Standort/Pflege** Sternbalsam ist nicht frosthart und wird bei uns einjährig gezogen. Aussaat ab Mai direkt in den Kasten oder Kübel. Samen keimt langsam. Braucht sonnigen, halbschattigen Standort in normaler Erde. Nicht austrocknen lassen, sonst pflegeleicht. **Besonderes** Mit einem Sträußchen Sternbalsam landen Sie auf der Party einen Überraschungscoup. Zunächst wirkt es wie ein Büschel Unkraut, im Lauf des Abends blüht es auf und duftet.

Lilium spec.

Lilien

☼ ◑ ✿ ❄ ☽

WUCHS aufrechter Blütenstängel | **HÖHE** je nach Art 50–120 cm | **BLÜTEZEIT** Juni–Juli

Die einen sind ihrem Duft geradezu verfallen, die anderen wenden sich mit Grausen ab. Gemeint sind die Lilien. Ihre makellosen, perfekten Blüten und ihre edle Gestalt ziehen Blicke magisch auf sich. Bei all dieser Noblesse entpuppen sich Lilien aber als einfache, robuste Zwiebelpflanzen, die in Töpfen gut gedeihen. Die Madonnenlilie (→ Abb.) ist seit dem Altertum in Europa bekannt und wird noch heute als Symbolpflanze für die Jungfrau Maria verehrt. Sie stammt aus dem östlichen Mittelmeerraum. Die Königslilie kam 1910 im Gepäck des Botanikers Wilson zu uns, der sie in einem Gebirge in der Region Sechuan in China entdeckte.

Duft Die Madonnenlilie *(Lilium candidum)* verbreitet ein intensives, klares, lieblich-blumiges Parfum. Die Königslilie *(L. regale)* tendiert eher zu einem schweren, vanilleartigen Duft mit einem Tick von Pferdestall-Geruch. Der betörende Duft nimmt am Abend noch zu.

Aussehen Große, trichterförmige, reinweiße Blüten mit auffallenden, gelben Staubgefäßen. An dem aufrechten Stängel befinden sich mehrere, leicht herabhängende Blüten und kleine, unscheinbare Blätter. Die Blüten der Madonnenlilie sind reinweiß, die der Königslilie sind im Blütenkelch frischgelb und außen zartrot überlaufen.

Standort/Pflege Beide Lilienarten mögen einen warmen, geschützten Standort. Sie sind unempfindlich, nur ein starker Sommerregen zur Zeit der Blüte macht ihnen zu schaffen. Da sie ursprünglich in Gebirgsgegenden und Steppe beheimatet sind, gedeihen sie gut in kalkiger, durchlässiger Erde. Beachten Sie die unterschiedlichen Pflanzanleitungen für beide Arten: Die Knollen der Madonnenlilie werden im August gesetzt und mit höchstens 3 cm Erde bedeckt. Sie braucht die Zeit im Spätsommer und Herbst, um eine Blattrosette auszubilden. Die Knollen der Königslilie können von Herbst bis zum Frühjahr gepflanzt werden. Wie andere Blumenzwiebeln bedeckt man ihre Knollen mit dreimal so viel Erde, wie sie dick ist. Halten Sie die Erde gleichmäßig feucht, aber vermeiden Sie Staunässe. Nachdem die Blütenstiele verwelkt sind, schneidet man sie bis auf 10 cm ab und gibt Kompost und etwas organischen Dünger zu. Lilien sind winterhart.

Besonderheiten Lilien sind sehr gute Schnittblumen und halten lange in der Vase. Mit ihrem Duft füllen sie eine ganze Wohnung, manchmal zu stark.

Narcissus spec.

Narzissen (Osterglocken)

WUCHS aufrecht | **HÖHE** 30–45 cm | **BLÜTEZEIT** April–Mai

Mal frischgelb, mal luftig-weiß und voll süßem Duft läuten Narzissen den Frühling ein. Ihr Auftritt in Balkonkästen und Terrassenkübeln ist ein sicheres Zeichen, dass der Winter vorbei ist. Rund 50 Arten umfasst die Gattung, aber nicht alle Narzissen duften. Bei uns heimische Arten mit zartem Duft sind Dichter- und Trompetennarzissen. Aus den Mittelmeerländern stammen die Wildformen der Jonquillen und Tazetten mit starkem, betörendem Parfum.

Duft Wohl die schönste Art ist die Dichternarzisse (*Narcissus poeticus* → Abb.). Ihre weißen, sternförmigen Blüten mit der gelben, rot gesäumten Krone verströmen im Mai ein leichtes, süßes Parfum. Ein feines Aroma besitzen auch die Duftnarzissen *(Narcissus odorus)* mit goldgelben Blüten. Die Unterart *N. o. regulosus* besticht durch edlen, blumigen Duft und eine lange Blütezeit. Ein besonderes Dufterlebnis versprechen die südeuropäischen Jonquillen *(N. jonquilla)*. Mehrere gelbe Blüten stehen an einem Stiel und duften wunderbar süß und intensiv. Diese wärmeliebenden Narzissen brauchen einen sonnigen Platz. Tazetten oder Weihnachtsnarzissen *(N. papyraceus)*, auch als »Paperwhite« bekannt, besitzen zehn bis zwölf schneeweiße Blüten pro Stängel. Ihr Parfum ist stark und betörend.

Aussehen Die Blüten sind einfach oder gefüllt, weiß, gelb, orange oder mehrfarbig. Das Blüteninnere ist lang, trompetenartig oder kurz, becherförmig. Die Krone ist flach mit oranger Tönung oder gewellt und erinnert an einen Reifrock.

Standort/Pflege Narzissen brauchen einen hellen Standort, lockere, durchlässige Erde und eine Dränageschicht aus Tonscherben oder Kies. Im Herbst die Zwiebeln 10–20 cm tief stecken. Bei überdachtem Stand leicht gießen, sonst reicht die Winterfeuchtigkeit aus. Verwelkte Blüten entfernen, bevor sich die Samenkapseln bilden, Blätter stehen lassen, bis sie einziehen. Die meisten Narzissen sind frosthart und verbleiben viele Jahre im gleichen Gefäß, wo sie sich durch Brutzwiebeln vermehren.

Besonderheiten Eine duftende Alternative zum Weihnachtsstern sind Tazetten. Damit sie am Heiligen Abend blühen, treibt man sie sechs Wochen davor an der warmen Fensterbank an. Stecken Sie mehrere Zwiebeln auf lockere, sandige Erde in einen Topf und beginnen Sie ganz langsam zu gießen. Tazetten müssen nicht kühl und dunkel stehen. Später zur Stütze dekorative Zweige dazustecken.

Mirabilis jalapa

Wunderblume

WUCHS buschig | **HÖHE** 70 cm | **BLÜTEZEIT** Juni–September

Gelbe, rote, weiße, lila oder rosa Blüten gefällig? Diese Balkonblume hat alles zu bieten, manchmal auf nur einer einzigen Pflanze oder Blüte. Daher der Name Wunderblume. Dieser attraktive Nachtdufter stammt aus den Tropen und Subtropen Amerikas. **Duft** Stark, blumig, fruchtig, frisch – ein sehr angenehmes Parfum. Der Duft verstärkt sich bei zunehmender Dunkelheit. **Aussehen** Trichterförmige, weiße, rosafarbene, lila, rote oder gelbe Blüten. **Standort/Pflege** Aus Samen oder Knollen ab April anziehen oder Pflanzen besorgen. An einen geschützten, sonnigen Ort in den Kübel pflanzen. Vor dem Frost Wurzelknollen ausgraben und frostfrei in trockener Erde überwintern. **Besonderheiten** Wunderblumen sind Nektarpflanzen für Nachtfalter.

Hyacinthus orientalis

Hyazinthe

WUCHS aufrecht | **HÖHE** 20–30 cm **BLÜTEZEIT** März–April

Mit Pauken und Trompeten kündigen Hyazinthen den Frühling an. Ihr starker Duft und die leuchtenden Blüten setzen kräftige Akzente nach der langen Winterzeit. **Duft** Blumig und betörend; er kann in geschlossenen Räumen auch als schwer empfunden werden. **Aussehen** Haupttrieb mit mehreren Blüten in Blau, Weiß, Lila, Rosa, Gelb oder Pink. **Standort/Pflege** Hyazinthen brauchen durchlässige Erde mit einem Drittel Sand und einer Dränage aus Tonscherben oder Kies. Die Zwiebeln im Oktober 10–20 cm tief in die Erde stecken oder vorgetriebene Pflanzen besorgen. Nach der Blüte Blätter weiterwachsen lassen, verwelkte Blüten entfernen. **Besonderheiten** Mit der Hyazinthentreiberei kann man den Frühling an der warmen Fensterbank vorverlegen (→ Seite 18).

Sonne | Halbschatten | Schatten | Blütendufter | Blattdufter

Iris graminea

Pflaumeniris

WUCHS horstartig | **HÖHE** 20–40 cm
BLÜTEZEIT Mai–Juni

Eine Entdeckung für den Duftbalkon ist die Pflaumeniris, eine alte Bauerngartenpflanze. **Duft** Die Pflaumeniris duftet intensiv nach reifen Pflaumen, die Schokoladeniris *(Iris barbata chocolate)* nach Milchschokolade, und die Veilchenwurzel-Iris *(Iris florentina)* besitzt nach Veilchen duftende Wurzeln. Sie wird zu Kosmetikzwecken angebaut. **Aussehen** Violette Blüten mit gelb-blauer Zeichnung. Grasartige Blätter, die die Blütenstiele überragen. Dicke, fleischige Wurzelrhizome. **Standort/Pflege** Iris mag es vollsonnig und trocken, keine Staunässe! Rhizome ab Juli flach pflanzen, nur wenig mit Erde bedecken. Sie sollen bis zum Winter einwurzeln. **Besonderheiten** Dank der grasartigen Blätter sehen Iris auch nach der Blüte in einem dekorativen Topf gut aus.

Polianthes tuberosa

Tuberose

WUCHS aufrecht | **HÖHE** 60–90 cm
BLÜTEZEIT September–Oktober

Die Tuberose könnte man als die First Lady unter den Duftpflanzen bezeichnen. Das Liliengewächs aus Mexiko verbreitet auf der Terrasse eine sinnliche Atmosphäre. **Duft** Ein berauschendes, süß-blumiges Parfum, das sich abends noch verstärkt. **Aussehen** Reinweiße, wachsartige Blüten, in einer lockeren Ähre. **Standort/Pflege** Mag nahrhafte, durchlässige Erde und einen warmen, sonnigen Standort. Fünf bis sechs Knollen im März in einen 30er-Topf pflanzen, an der warmen Fensterbank antreiben. Mitte Mai ins Freie stellen. Nach der Blüte das Laub einziehen lassen. Den Topf trocken im Keller überwintern. Ende März wieder antreiben. **Besonderheiten** Tuberosenöl ist eines der teuersten Parfumöle der Welt. Chanel Nr. 5 soll Tuberose enthalten.

Art

In der Botanik werden Pflanzen nach gemeinsamen Merkmalen sortiert. Als eine Art gelten einander ähnliche Pflanzen, die untereinander fruchtbare Nachkommen erzeugen können. Der wissenschaftliche Artname besteht aus zwei Wörtern. Als Erstes steht immer der Name der Gattung, als Zweites die Art.

Ätherische Öle

Ätherische Öle sind Duftstoffe, die in Blüten, Blatt, Samen, Wurzel, Rinde oder Fruchtschalen vorkommen können. Bekannte ätherische Öle sind Linalol beim Lavendel oder Limonen bei Zitrusgewächsen. Die wichtigste Art der Gewinnung ist die Wasserdampfdestillation. Ätherische Öle sind flüchtig, sie verdunsten bei Wärme und Sonneneinstrahlung.

Blähton

Durch Brennen aufgeblähte Tonkügelchen, bekannt aus der Hydrokultur. Blähton bringt Luft in die Erde und gleicht den Wasserhaushalt aus. Als Dränageschicht wird Blähton ganz unten in die Gefäße gefüllt.

Einjährige Pflanzen

Pflanzen, die sich aus dem Samenkorn entwickeln und mit der Samenreife die Entwicklung beenden und verwelken. Manchen bei uns einjährig gezogenen Pflanzen setzt der Frost ein Ende, in ihrer Heimat sind sie jedoch zwei- oder mehrjährig.

Fotosynthese

Lebenswichtiger chemischer Vorgang in der Pflanze. Mithilfe von Blattgrün (Chlorophyll) absorbiert die Pflanze Energie aus dem Sonnenlicht, um damit aus Wasser und dem Kohlendioxid der Luft Pflanzenstoffe aufzubauen. Duftstoffe entwickeln sich nur bei optimaler Fotosynthese.

Gehölze

Gewächse, deren Triebe im Lauf der Zeit verholzen oder einen Stamm bilden, wie Sträucher und Bäume. Die Größe von Gehölzen wird von dem Wurzelraum und dem Standort bestimmt. So bleiben Gehölze, die in Kübeln gedeihen, meist kleiner als Gehölze, die direkt ins Erdreich gepflanzt wurden.

Halbstrauch

Pflanze, die nur im unteren Teil holzig ist, z. B. Lavendel. Wenn die oberen, weicheren Teile der Pflanze im Frühjahr zurückgeschnitten werden, treiben sie aus den letztjährigen verholzten Stängeln neu aus.

Hybride

Durch Kreuzung zweier Pflanzen entstandene neue Art, meist mit besonders markanten Eigenschaften wie gleichmäßig geformte Blätter, besonders große Blüten o. Ä. Hybriden sind nicht sortenecht, d. h., will man Hybriden aus Samen weitervermehren, erhält man keine Pflanze mit denselben Eigenschaften. Eine Hybride ist an einem x im botanischen Namen erkennbar.

Langzeitdünger

Mineralischer Depotdünger in Form von Stäbchen, als Kügelchen oder Kegel, der mit einer Hülle ummantelt ist. Die darin enthaltenen Nährstoffe werden über einen Zeitraum von 3–6 Monaten und in Abhängigkeit von Temperatur und Feuchtigkeit freigesetzt. Dadurch ist eine Überdüngung ausgeschlossen. Organischer Langzeitdünger besteht aus biologischen Abfallstoffen von lebenden Organismen wie Hornspäne, Mist, Bohnenschrot oder Guano, die durch Mikroorganismen erst umgesetzt werden müssen.

Lavagranulat

Poröse, luftige Körner aus Lavagestein, die als Beimischung in guten Substraten enthalten sind. Lavagranulat sorgt für Lockerung und Durchlüftung des Bodens, ist strukturgebend und enthält wertvolle Mineralien und Spurenelemente.

Lichtkeimer

Pflanzen, deren Samen einen Lichtreiz benötigen, um keimen zu können. Sie werden nicht bedeckt. Dunkelkeimer hingegen sind Pflanzen, die ohne Licht keimen. Sie werden mit einer Schicht Erde bedeckt.

Mehltau

Blattpilzerkrankung. Sichtbar durch einen mehlig weißen Belag auf den Blättern. Echter Mehltau auf der Blattoberseite, falscher Mehltau auf der Blattunterseite. Vorbeugende Maßnahme: luftiger Standort. Bekämpfung: befallene Teile abschneiden, mit naturverträglichen Mitteln besprühen.

Mulch

Bedeckung der Erdoberfläche mit Rindenhumus, Kies oder Steinen, um eine Austrocknung des Bodens zu vermeiden oder durch Wärmespeicherung das Kleinklima zu verbessern.

Perlite
Durch Erhitzen aufgeblähtes Gestein in Form von weißen Kügelchen. Perlite, die auch zur Wärmedämmung im Hausbau verwendet werden, sind ein mineralischer Zusatzstoff in Blumenerden. Sie wirken lockernd, belüftend, strukturbildend und wasserspeichernd und regen die Wurzelbildung an.

Pikieren
Sämlinge von der Aussaatschale in Töpfe verpflanzen, damit sie sich zu kräftigen Pflanzen entwickeln.

Rhizome
Unterirdisch wachsende Triebe (Ausläufer) mit Blattknospen und Wurzeln, wie sie bei der Pfefferminze bekannt sind. Aus den Knospen wachsen Sprosse und damit neue Pflanzenabkömmlinge heran. Rhizomabschnitte mit Wurzeln lassen sich leicht vermehren.

Solitärpflanze
Eine Pflanze, die aufgrund ihrer besonderen Größe, Form oder Färbung am besten einzeln positioniert wird. Ein entsprechender Kübel unterstreicht ihre Wirkung.

Sorte
Spielart einer Pflanzenart, z. B. mit weißbunten Blättern, mit andersartigem Wuchs oder anderer Blütenform und -farbe. Sorten können durch natürliche Mutation oder gezielt durch Züchtung entstehen. Als Sorte werden nur solche Pflanzen anerkannt, die innerhalb einer Art tatsächlich andersartig und mit unverwechselbaren Eigenschaften ausgestattet sind. Sortennamen sind beim botanischen Namen oft in Anführungszeichen angegeben.

Spalier
Rankgerüst aus Holz, Eisengitter oder Draht zum Befestigen von Reben, Obstgehölzen oder Ziergehölzen wie Rosen, Clematis oder Geißblatt. Ein Spalier wird an der Hauswand verdübelt. Es gibt auch frei stehende Spaliere für Kletterpflanzen, die an einem Pflanztrog angebracht sind.

Staude
Eine ausdauernde Pflanze mit Wurzelstock und Blättern. Jedes Frühjahr treiben aus den Wurzeln neue Blätter und Blütenstängel aus, die im Herbst verwelken. Der oberirdische Teil der Pflanze stirbt im Winter komplett ab, die Nährstoffe sind in den Wurzeln gespeichert.

Staunässe
Wenn das Wasser aus dem Pflanzgefäß nicht oder zu wenig abfließen kann, stehen die Wurzeln dauerhaft im Wasser. Nur Wasserpflanzen tolerieren diesen Zustand, alle anderen beginnen zu faulen, da die Wurzeln keinen Sauerstoff erhalten.

Substrat
Substrat meint im eigentlichen Sinne »Nährboden für das Pflanzenwachstum«. Man bezeichnet damit Erdmischungen, die aus verschiedenen Komponenten zusammengesetzt sind, wie etwa Kompost, Lehm, Ton, Sand, Torf oder Torfersatzstoffe (Kokosfasern, oder Rindenhumus) sowie Kalk und Dünger. Im Handel sind verschiedene Pflanzenerden für den jeweiligen Gebrauch erhältlich.

Terrakotta
Gebrannte Tonerde, die beim Brennen eine natürliche, gelbe oder rötliche Färbung annimmt. Pflanzgefäße aus Terrakotta sind beständig und stabil. Besonders hochwertig und frostfest ist Terrakotta aus Impruneta, die bei höheren Temperaturen gebrannt wird.

Zweijährige Pflanzen
Zweijährige Pflanzen bilden im ersten Jahr nur eine Blattrosette aus, ein Beispiel ist die Nachtkerze. Im zweiten Jahr treibt der Blütenstängel empor, und alle Kraft geht in die Blüten- und Samenbildung. Danach sterben die Pflanzen ab.

Zwiebel- und Knollenpflanzen
Diese Pflanzen treiben jedes Jahr aus unterirdischen Zwiebeln oder Knollen neu aus. Nach Blüte- und Fruchtbildung und nachdem die Blätter genügend Nährstoffe umgesetzt haben, verwelkt der oberirdische Teil, und die Pflanze tritt in die Ruhephase ein. Die Nährstoffe wurden in der Zwiebel oder Knolle gespeichert. Die Fortpflanzung geschieht meist vegetativ durch Brutzwiebeln.

Die **halbfett** gesetzten Seitenzahlen verweisen auf Abbildungen.
UK = Umschlagklappe

Gärtnereien

› Syringa Duftpflanzen und Kräuter
Bernd Dittrich
Bachstraße 7
78247 Hilzingen-Binningen
www.syringa-samen.de
Sehr reiche Arten- und Sortenauswahl, Pflanzen aus ökologischem Anbau, großer Schaugarten mit Duft- und Würzkräutern, Kräuterseminare und Führungen, z. B. Mondscheinführungen

› Rühlemann's Kräuter & Duftpflanzen
Auf dem Berg 2
27367 Horstedt
www.ruehlemanns.de
Riesiges Sortiment, gut gestalteter Katalog

› Artemisia
Vorderer Moosweg 1
79350 Sexau
www.artemisiagarten.de
Stauden, Kräuter und Duftpflanzen aus biologischem Anbau

› Gartenbaumschule Schwarz
Rastatter Str. 50
77694 Kehl-Bodersweier
www.baumschule-schwarz.com
Duftrosen und Clematis

› Staudengärtnerei
Dieter Gaissmayer
Jungviehweide 3
89257 Illertissen
www.staudengaissmayer.de
Riesiges Sortiment, Spezialkataloge

› Clematiskulturen F. M. Westphal
Peiner Hof 7
25497 Prisdorf
www.clematis-westphal.de
Reiche Auswahl, sehr informativer Katalog

Wichtige **Hinweise**

› Essbare Kräuterarten sollten nicht im Übermaß verzehrt werden.

› Wenn Sie sich bei der Arbeit mit Pflanzen und Erde verletzen, sollten Sie umgehend einen Arzt aufsuchen. Eventuell ist eine Impfung gegen Tetanus erforderlich.

› Bewahren Sie Pflanzenschutzmittel und Dünger (auch Bio-Produkte) für Kinder und Haustiere unerreichbar auf. Halten Sie bei der Anwendung Kinder fern.

› Nach dem Kontakt mit giftigen Pflanzen sollte man sich die Hände waschen. Halten Sie giftige Pflanzen von Kindern fern.

› Manche ätherischen Öle, die es im Handel zu kaufen gibt, können allergische Reaktionen hervorrufen. Beachten Sie unbedingt die Hinweise auf der Verpackung.

Literatur

› Margit Benes-Oeller: Duftpflanzen für naturnahe Gärten. Av Buch

› Heide Bergmann: Kräuter für jeden Garten. Gräfe und Unzer Verlag, München

› Steve & Val Bradley: Duftgärten – Pflanzen für jede Jahreszeit. Dorling Kindersley, München

› Patricia Davis: Aromatherapie von A–Z. Goldmann Taschenbuch, München

› Bernd Dittrich: Duftpflanzen für Garten, Balkon und Terrasse. BLV, München

› Duftpflanzen. Broschüre der Staudengärtnerei Gaissmayer

› Susanne Fischer-Rizzi: Himmlische Düfte. Aromatherapie. AT Verlag, Aarau

› Heide Rau: Duftrosen. Gräfe und Unzer Verlag, München

Dank

Die Autorin dankt der Kräutergärtnerei Syringa für die Zusammenarbeit, die fachliche Beratung und die Fotoerlaubnis in der Gärtnerei. Danke auch an den Botanischen Garten der Uni Freiburg für den fachlichen Austausch.

Bildnachweis

Alle Bilder von **Jutta Schneider/ Michael Will** mit Ausnahme von: **FloraPress:** Klappe 2-3, 25-3; **GAP:** 1, 34-2, 35-1, 39, 43, 50-1, Klappe 3; **Heinz Hauenstein:** Klappe 2-1; **Tanja Ratsch:** 7re.; **Friedrich Strauß:** 3re., 4, 11, 15, 26

Coverbild »Schokoladen-Kosmee«: Petra Ender

Gartenlust pur

Die neuen Pflanzenratgeber – da steckt mehr drin

ISBN 978-3-8338-0530-1
64 Seiten

ISBN 978-3-8338-0531-8
64 Seiten

ISBN 978-3-8338-0875-3
64 Seiten

Preis je Band: 7,90 €

ISBN 978-3-8338-0527-1
64 Seiten

ISBN 978-3-8338-0529-5
64 Seiten

ISBN 978-3-8338-0533-2
64 Seiten

Änderungen und Irrtum vorbehalten.

Das macht sie so besonders:

Praxiswissen kompakt – vermittelt von GU-Gartenexperten

Praktische Klappen – alle Infos auf einen Blick

Die 10 GU-Erfolgstipps – so gedeihen Ihre Pflanzen gut

GU

Willkommen im Leben.

IMPRESSUM

Unsere Garantie

Alle Informationen in diesem Ratgeber sind sorgfältig und gewissenhaft geprüft. Sollte dennoch einmal ein Fehler enthalten sein, schicken Sie uns das Buch mit dem entsprechenden Hinweis an unseren Leserservice zurück. Wir tauschen Ihnen den GU-Ratgeber gegen einen anderen zum gleichen oder ähnlichen Thema um.

Liebe Leserin und lieber Leser,

wir freuen uns, dass Sie sich für ein GU-Buch entschieden haben. Mit Ihrem Kauf setzen Sie auf die Qualität, Kompetenz und Aktualität unserer Ratgeber. Dafür sagen wir Danke! Wir wollen als führender Ratgeberverlag noch besser werden. Daher ist uns Ihre Meinung wichtig. Bitte senden Sie uns Ihre Anregungen, Ihre Kritik oder Ihr Lob zu unseren Büchern. Haben Sie Fragen oder benötigen Sie weiteren Rat zum Thema? Wir freuen uns auf Ihre Nachricht!

Wir sind für Sie da!
Montag – Donnerstag: 8.00 – 18.00 Uhr;
Freitag: 8.00 – 16.00 Uhr
Tel.: 0180-5 00 50 54*
Fax: 0180-5 01 20 54*
*(0,14 €/Min. aus dem dt. Festnetz/ Mobilfunkpreise können abweichen.)
E-Mail:
leserservice@graefe-und-unzer.de

P.S.: Wollen Sie noch mehr Aktuelles von GU wissen, dann abonnieren Sie doch unseren kostenlosen GU-Online-Newsletter und/oder unsere kostenlosen Kundenmagazine.

GRÄFE UND UNZER VERLAG
Leserservice
Postfach 86 03 13
81630 München

Redaktion: Dr. Michael Eppinger
Lektorat: Barbara Kiesewetter
Bildredaktion: Daniela Laußer
Umschlaggestaltung und Layout: independent Medien-Design, München
Herstellung: Gloria Pall
Satz: Liebl Satz+Grafik, Emmering
Reproduktion: Longo AG, Bozen
Druck: Firmengruppe APPL, aprinta druck, Wemding
Bindung: Firmengruppe APPL, sellier druck, Freising

Printed in Germany

ISBN 978-3-8338-1371-9

1. Auflage 2009

GRÄFE UND UNZER

Ein Unternehmen der
GANSKE VERLAGSGRUPPE

Die Autorin

Heide Bergmann ist Lehrerin und Gärtnerin und lebt in Freiburg. Sie ist Mitbegründerin der Ökostation Freiburg des BUND. Dort legte sie einen Biogarten und einen Heilkräutergarten an und gründete das »Grüne Klassenzimmer«.
Seit 1987 gibt sie Kräuter- und Gartenkurse und schreibt Bücher über Bio-Gartenbau und das Gärtnern mit Kindern.

Die Fotografen

Jutta Schneider und **Michael Will** widmeten sich seit ihrem Biologie- bzw. Chemiestudium der Natur- und Gartenfotografie. Heute leben und arbeiten sie als freischaffende Fotojournalisten im Südschwarzwald. Von ihnen erschienen zahlreiche Veröffentlichungen und Reportagen in Zeitschriften und Büchern.